Toma el control de tus datos

Alicia Asín

TOMA EL CONTROL DE TUS DATOS

ESPASA

Espasa es un sello de Editorial Planeta, S. A.
Av. Diagonal, 662-664, 08034 Barcelona
www.planetadelibros.com
www.espasa.es

Primera edición: abril, 2024

Diseño de cubierta: Planeta Arte&Diseño
Ilustración de cubierta: © Gemma Martínez Viura
Imágenes de la cubierta: © Nifty Animation y © Impro Studio/Shutterstock
Fotografía de la autora (solapa): cortesía de la autora

Preimpresión: Safekat, S. L.

Depósito legal: B. 5.532-2024
ISBN: 978-84-670-7257-0

Printed in Spain - Impreso en España
Impresión: Huertas Industrias Gráficas, S. A.

PEFC Certificado
Este libro procede de bosques gestionados de forma sostenible
PEFC
PEFC/14-38-00305
www.pefc.es

Para Valeria y Nora, mis fuentes de inspiración y motivación diarias, y el recordatorio viviente de que hay que dejar este mundo un poco mejor de lo que lo encontramos.

Para Vicente, que siempre me ofrece su apoyo incondicional en todos los proyectos que inicio y es el mejor referente masculino que nuestras peques podrían tener.

ÍNDICE

Introducción

RESPUESTAS SENCILLAS PARA PREGUNTAS COMPLEJAS

¡Hola! Me llamo Alicia y estudié Ingeniería Informática porque creo firmemente que la tecnología es la mejor herramienta para hacer frente a los retos que tiene la humanidad. Nunca hemos contado con tantos avances como ahora, pero también es verdad que eso nos enfrenta a nuevos retos reguladores, legales y hasta éticos. En 2006 cofundé la empresa Libelium y gracias a ello he podido contemplar de cerca esta revolución que suponen los datos. ¿Sirven para enriquecer a unos pocos o para mejorar la competitividad de nuestras ciudades y empresas? ¿Sirven para vigilarnos o para empoderar a la ciudadanía?

Por otro lado, tengo dos niñas que me inspiran a diario, una madre muy curiosa que quiere mantenerse al día y amigas con muchas ganas de entender cómo funciona todo esto y cómo puede afectarles en sus vidas. Con mi madre y mis amigas a veces se me plantea el reto de cómo explicarles los riesgos asociados con la economía de los datos y la inteligencia artificial, sin ser excesivamente alarmista ni omitir todas las cosas buenas que también nos aporta. Con mis hijas es un poco diferente. Quedan años hasta que tengan su propio móvil (sí, mis niñas, años), pero creo que no hay que esperar a ello para empezar con su alfabetización digital.

Responder a preguntas complejas no es tarea sencilla, por eso he querido volcar en este libro todas las reflexiones sobre los diferentes aspectos que, a lo largo de los años, he visto que influyen y modelan la respuesta. Y por supuesto, no quería olvidar añadir un espacio con pequeños consejos para que tú puedas recuperar al menos una parte del control de tus datos.

Hay una última cosa. Te decía que he escrito este libro pensando especialmente en mis hijas, mi madre y mis amigas. Por eso, en algunas ocasiones, verás que escribo en femenino plural. Por supuesto, no significa que este libro esté escrito sólo para las mujeres, pero ellas fueron la principal motivación para escribirlo. Llámalo pequeño homenaje inconsciente a las mujeres de mi vida. También es importante que sepas que, si este libro es leído por una inteligencia artificial y está íntegramente escrito en masculino, seguramente piense que va solo dirigido a hombres. Parece algo absurdo, pero así es como se perpetúan los sesgos.

Espero que disfrutes de la lectura, pero, sobre todo, espero que todas estas ideas te ayuden a encontrar y definir las tuyas propias.

Capítulo 1

EL APOCALIPSIS SE ACERCA. O IGUAL NO

—¿Entonces cuándo podré, cuando tenga mi propio móvil?

—He dicho que no.

—Eso no es una respuesta. Te he preguntado cuándo podré, no si puedo ahora.

—Y yo te he dicho que no. No lo vas a entender.

—Eso es porque tú no me lo explicas.

Mi marido y yo nos miramos y respiramos hondo. La paz asociada a ese segundo café que te tomas las mañanas tranquilas, ese que realmente sabe a fin de semana, acababa de esfumarse.

—Muy bien, pues vamos a leer todos juntos la política de privacidad de TikTok.

Si tienes hijos seguro que la conversación de arriba te resulta familiar. Vale, a lo mejor lo de leer la política de privacidad es un poco más friki. Pero lo de que tus hijos te pidan tener móvil o usar el tuyo como si fuera suyo seguro que sí. Según datos del Instituto Nacional de Estadística, el 30 % de los menores de 10 años tienen un teléfono inteligente. A los 12 ya son el 70 % y para cuando han cumplido los 14 ya se extiende al 83 %[1].

---

[1] https://www.hacerfamilia.com/educacion/noticia-smartphone-ninos-partir-edad-20141030122652.html

Les damos un móvil sin explicarles nada, principalmente porque para cuando tienen un terminal propio ya saben manejarlo perfectamente. Recuerda que son nativos digitales.

Sin embargo, una cosa es que sepan utilizar todas las aplicaciones que vienen en su teléfono, y otra muy distinta que entiendan los riesgos a los que se exponen y cómo mitigarlos. Claro que, para explicarle a nuestra prole todas estas cosas, primero tendríamos que dominarlas nosotros. Para poder conducir un coche necesitamos sacarnos un carné en el que tenemos que demostrar conocimientos sobre seguridad vial, normas de tráfico y pericia al volante. Nunca se nos ocurriría dejar que nuestros hijos condujesen sin tener carné, por su propia seguridad, pero les dejamos nuestro móvil con mucha facilidad, como si fuera una televisión en miniatura en la que sólo se ven dibujos animados. ¿Que si sugiero entonces poner un carné para tener móvil? No nos adelantemos, que la cosa es un poco más compleja. Sigue leyendo y sacarás tus propias conclusiones.

Volvamos a esa mañana de sábado. Ahí estábamos leyendo en familia la política de privacidad de TikTok a dos niñas de 9 y 6 años. Que no te den pena, ellas se lo habían buscado. La noche anterior habíamos cenado con nuestros amigos Raquel y Jorge, que habían venido con su hija, Martita. Martita tiene 11 años y medio y desde su comunión tiene un móvil que lleva a todas partes, mi casa incluida. Esa mañana mis hijas habían empezado el desayuno emocionadas por lo genial que lo habían pasado con Martita la noche anterior, viendo unos vídeos de bailes superdivertidos y unos gatos monísimos y no sé qué más. Y claro, querían más. En un alarde de razonabilidad no pedían un móvil propio, con instalar la *app* en el mío o el de su padre ya les valía. De momento, lo que habíamos leído de captación de datos y compartición con terceros no les decía nada. Pero nada de nada.

—A ver —intenté—, cuando vamos al supermercado pagamos por todo lo que nos llevamos a casa, ¿verdad?

—¡Anda, pues claro! —me respondieron las dos.

—Mmm..., muy interesante. ¿Y cuánto tuvisteis que pagar anoche para ver todos esos vídeos?

Silencio. Me miraban con cara de no comprender. Al fin y al cabo, todos sabemos que lo que hay dentro del móvil es... eso, gratis, ¿no?

—Esta aplicación la han programado personas a las que hay que pagarles un salario —proseguí—, los vídeos que se muestran tienen que guardarse en alguna parte y todo eso le cuesta dinero a los accionistas de la empresa que a su vez...

—¿Y eso qué tiene que ver con nosotras? ¡Nos estás contando un rollo para no dejarnos la *app*!

Empezaban a impacientarse. Es lo que tiene. Es infinitamente más sencillo enseñar cómo se usa una *app* que sus implicaciones relacionadas con la privacidad. Si les hubiera dejado usarla sin más ya llevaría diez minutos disfrutando de mi segundo café.

—Vamos a ver —cortó mi marido—, ¿pero vosotras os pensáis que alguien gastaría miles de millones de euros para que os divirtáis gratis bailando? ¡Pues claro que no!

—Y si no pagáis en dinero, ¡pagáis con vuestros datos! —aproveché para rematar.

No sé qué es lo que esperaba que pasara, pero no pasó absolutamente nada. Yo pensaba que lo que acababa de decir supondría una enorme revelación, pero no lo fue. Mis hijas me miraban sin comprender. Necesitaban entender qué importancia tenía todo aquello.

Esa misma semana había tenido una cena con directivos y empresarios. En un momento la conversación viró hacia el clásico de la gestión de personas. Que si no hay personal para desarrollo de *software*, que si el encaje cultural es más importante que los conocimientos técnicos, etc. Ahí estábamos todos compartiendo nuestras recetas sobre contratación cuando alguien nos dejó descolocados:

—Tenéis problemas porque contratáis vosotros. A nosotros nos han dado mucho mejor resultado las personas contratadas vía inteligencia artificial que las que seleccionamos personalmente. Y no necesitamos su currículum, con una dirección de *e-mail* y un número de teléfono es más que suficiente.

E-mail y número de teléfono. Esas son las dos miguitas de pan con las que se accede a todo nuestro rastro digital. Es lo que utilizamos para registrarnos en todas las aplicaciones y webs. Lo que realmente nos identifica de manera unívoca. Este directivo nos desgranó la cantidad de información que se podía obtener con sólo una dirección de *e-mail* cuando accedes a los datos que todas esas aplicaciones venden a terceros. Sabes si la persona es activa o sedentaria, si compra compulsivamente, dónde vive y dónde trabaja. Si postea en redes sociales y si cuando lo hace usa un tono neutro, de odio o positivo. Algunas aplicaciones acceden al micrófono incluso cuando no las estás utilizando sólo para grabar sonidos de ambiente. De esta forma, se puede inferir si la persona está acostumbrada al teletrabajo o no, incluso si se escuchan niños de fondo cuando lo hace… No es que las personas que aplican al puesto no sepan que su rastro digital cuenta tantas cosas sobre ellas, es que el algoritmo sabe de ellas más que ellas mismas.

Supongo que lo primero que te estás preguntando es si todo esto es legal o no. Ya tendremos tiempo de hablar sobre ello a lo largo del libro, pero lo que deberías preguntarte no es eso, sino por qué es siquiera posible.

El ritmo frenético al que vivimos nos empuja al «autohackeo» para ser más productivos. No somos *cyborgs*, pero recurrimos a un sinfín de aplicaciones y servicios digitales dentro de nuestros teléfonos móviles. La inmensa mayoría vienen con una política de privacidad que raramente leemos. Es más, muchas de las aplicaciones que instalamos sin pensar en nuestros terminales, solicitan un permiso de acceso a nuestros contactos, ubicación, cámara o micrófono, entre otros. Permiso que en la mayoría de las ocasiones gestionamos de manera automática, más como una molestia por los clics extra que requieren que como una decisión consciente que debamos tomar. Lo mismo pasa con las famosas *cookies* cuando navegamos por Internet, buscamos instintivamente el botón de «aceptar todas» con la velocidad con la que apartamos a una mosca.

Ya sea por desconocimiento, inconsciencia, pereza o incluso, en ocasiones, abuso de los proveedores de tecnología, pasamos el día cultivando nuestro rastro digital. Solamente Facebook clasifica y etiqueta de cada perfil datos sensibles sobre etnia, salud, ideología política, orientación sexual o religión. El desconocimiento se combate con educación de nuestra sociedad; la pereza con una mayor concienciación y los abusos de las tecnológicas vía regulación. Pero la indiferencia es lo más difícil de atacar. Seguramente tú ya eras conocedora del hecho de que todas estas aplicaciones hacen acopio de tus datos, pero igual no habías sido capaz de imaginar que uno de los posibles usos que tendrían es el de construir tu perfil laboral.

Imaginar. Ese es el problema. Podemos vislumbrar el camino que llevarán diferentes tecnologías, pero los usos que les demos son totalmente impredecibles. Si hace un año te hubiera dicho que cientos de *influencers* se ganarían la vida imitando a personajes de videojuegos a cambio de recibir emoticonos-recompensa en TikTok[2] tras los pasos de Pinkydoll, ¿te lo habrías creído? No me dirás que no se lo estamos poniendo difícil a los guionistas de *Black Mirror*.

No sé cuál será tu situación, yo he tenido teléfono inteligente un poco menos de la mitad de mi vida, así que, en el peor de los casos, mi rastro digital recoge ese período. Ahora bien, en el caso de la Generación Z que ha tenido móvil casi desde que aprendió a escribir, ese rastro es mucho más completo. Si perteneces a dicha generación y estás buscando trabajo, es posible que un algoritmo incorpore a tu perfil las chorradas que has posteado en momentos de confusión adolescente, «esas» fotos saliendo de fiesta y hasta el número de ligues universitarios que has tenido. No te molestes en preparar una explicación de todo ello para la entrevista… el algoritmo sacará sus propias conclusiones sin hacerte preguntas. Fuerte, ¿verdad? Como para tomarnos nuestro rastro digital mucho más en serio, no querrás que lo que haces en tu vida personal sea relevante en tu futuro laboral.

—Pero entonces… ¡¿Martita no va a encontrar trabajo?! —me preguntaron mis hijas, horrorizadas.

Algo es algo. Habíamos plantado la primera pica en la montaña de la inconsciencia.

La vida antes de las redes sociales

En 1997, Andrew Weinreich lanzó el sitio sixdegrees.com: fue la primera red social de la historia[3]. El nombre venía de

---

[2] https://www.20minutos.es/noticia/5149267/0/pinkydoll-tiktoker-viral-que-ha-comenzado-tendencia-npc-confiesa-que-gana-7-000-dolares-dia/

[3] https://www.zenesys.com/social-media-evolution

la teoría de los seis grados de distancia, según la cual cualquier persona del mundo puede acceder a cualquier otra con tan sólo seis contactos intermedios. La idea era tan revolucionaria como adelantada a su tiempo, pues en aquel momento el acceso a Internet no estaba tan generalizado como ahora y todavía faltaban diez años para que salieran los primeros *smartphones*. El sitio llegó a tener 3.500.000 usuarios, pero aspectos como la velocidad de conexión y la ausencia de fotografías en los perfiles (sí, cuando Internet era poco más que una versión mejorada del Teletexto) impidieron que escalara antes de quedarse sin dinero. Weinreich no acertó con el momento de lanzar su red social, pero sí con el de hacer caja. En diciembre de 1999 vendió la plataforma por 125 millones de dólares, evitándose los sinsabores del colapso de las punto.com que llevarían a la bancarrota a la empresa apenas un año después. Facebook no se lanzaría hasta cuatro años más tarde.

Las redes sociales han supuesto un cambio de paradigma total en la forma que tenemos de comunicarnos con otras personas, pero también el nacimiento del concepto «economía de la atención». En la economía moderna, los modelos de negocio sustentados en publicidad necesitan alimentarse de grandes poblaciones de usuarios activos durante el mayor tiempo posible. A fin de cuentas, nuestro tiempo es tan preciado como limitado. En un mundo totalmente saturado de información y de estímulos continuos, estas plataformas deben emplearse a fondo para capturar el máximo de nuestra atención y, con suerte, que entre *post* y *post* compremos alguno de los muchos productos que nos están mostrando. Así, los anunciantes están contentos, siguen pagando a las plataformas digitales y los usuarios pueden disfrutar de entretenimiento gratuito. Perfecto, ¿no?

El problema es que, paradójicamente, nuestra capacidad de atención está disminuyendo, precisamente por nuestra exposición a estas plataformas, y cuanto más temprano, peor... Un estudio de la asociación de pediatría JAMA[4] demostró que los niños de entre 2 y 5 años que se exponen de manera prolongada a las pantallas sufrían retrasos en su desarrollo del lenguaje, habilidades sociales y capacidad de resolver problemas. Para contrarrestar nuestra pérdida de atención, estas plataformas utilizan diseños totalmente adictivos. En el documental *The Social Dilemma*, reconocidas voces del sector tecnológico como Jaron Lanier, Tristan Harris o Soshana Zuboff denuncian los trucos que se utilizan en el diseño de estas aplicaciones para que nos enganchemos a los estímulos que se generan en nuestro cerebro. Además, discuten desde el punto de vista ético las consecuencias perniciosas que esto tiene para la sociedad, desde el aislamiento de las personas a la difusión masiva de *fake news*. Para muchos, este sistema en el que pagamos servicios con datos personales, en detrimento de nuestra privacidad, y con nuestro tiempo es insostenible a medio largo plazo. La cuestión es cuánto tiempo es exactamente eso y qué consecuencias irreparables pueden acarrear.

Pero no hace falta ponerse tan catastrofista. Pensemos simplemente en qué cosas hemos dejado de hacer. A qué le hemos robado el tiempo que le dedicamos a las redes sociales. Lo primero a lo que le hemos robado tiempo es a la televisión y los medios tradicionales en detrimento de la versión digital, que es más interactiva. Al mismo tiempo, las interacciones cara a cara y las actividades al aire libre también se han visto reducidas, especialmente entre los jóvenes. Es discutible si ahora que estamos todo el día *online* estamos más o menos conectados con nuestros amigos y familiares. Y lo que también hemos reducido son nuestras horas de sueño.

---

[4] https://jamanetwork.com/journals/jamapediatrics/fullarticle/2722666

Un estudio de la Prince Sattam bin Abdul Aziz University[5], que se hizo entre 300 estudiantes femeninas, concluyó que el 68 % reconocía haber reducido sus horarios de sueño a consecuencia de la prolongación de sus actividades *online*, el 57 % se declaraban adictas a las redes sociales y el 59 % reconocía que sus relaciones personales se habían visto alteradas.

Tristan Harris, exdiseñador ético de Google, cofundó en 2018 el Center for Humane Technology, cuyo objetivo es la concienciación para el desarrollo de una tecnología mucho más «humana» y menos dañina, y, entre los problemas más sobresalientes de las plataformas tecnológicas relacionados con la economía de la atención[6], destacan el daño que sufren los más jóvenes tanto en su desarrollo cerebral como en su forma de interactuar socialmente.

ChatGPT es menos listo de lo que crees... por el momento

En abril de 2000, Bill Joy, cofundador de Sun Microsystems, escribió para la revista *Wired*, el artículo «¿Por qué el futuro no nos necesita?»[7]. En él, Joy reflexionaba sobre los potenciales peligros de la robótica, la inteligencia artificial, la nanotecnología y la ingeniería genética para la propia existencia de la raza humana. Su visión altamente pesimista pretendía llamar a la reflexión sobre si el mero hecho de que *poder* avanzar con ciertas tecnologías es justificación suficiente para *hacerlo*. El mismísimo Stephen Hawking alertó en 2014 de que la inteligencia artificial podría supo-

---

[5] https://www.ncbi.nlm.nih.gov/pmc/articles/PMC8071811/

[6] https://ledger.humanetech.com/

[7] https://www.wired.com/2000/04/joy-2/

ner «el fin de la raza humana»[8]. Geoffrey Hinton, conocido como el «padrino de la IA», ha renunciado a su puesto en Google[9] para dedicarse a concienciar a empresas y Gobiernos sobre los peligros que supondrían el hecho de que estos superavances cayeran en manos inadecuadas.

Dentro del desarrollo de la inteligencia artificial hay tres etapas que podríamos resumir en:

a) menos lista que un humano,
b) igual de lista,
c) más lista.

El primer caso corresponde con lo que se conoce como «inteligencia artificial estrecha». En ella, las máquinas superan a los humanos en tareas muy específicas como jugar al ajedrez o predecir con gran exactitud el porcentaje de sufrir una determinada enfermedad, pero no puede resolver un sencillo problema fuera del ámbito para el que ha sido programada. A día de hoy, todavía estamos en este punto. Aplicaciones de procesamiento de lenguaje natural como ChatGPT, Alexa o Siri, que nos alucinan a diario por su parecido con *nosotros*, son incapaces de entender la información que transmiten y se limitan únicamente a responder según los patrones bajo los que fueron entrenadas. Sin embargo, pese a su apariencia de entes omniscientes, nunca podrían utilizar sus conocimientos para pilotar un avión o diagnosticar enfermedades, porque los programas que utilizan inteligencia artificial estrecha siempre operan dentro del rango para el que fueron definidos.

Supongamos que acudes al hospital con un fuerte dolor de cabeza. Una inteligencia artificial estrecha sería capaz de

---

8 https://www.bbc.com/mundo/noticias-65617676

9 https://www.bbc.com/mundo/noticias-65464637

procesar todo tu historial clínico, e incluso genético, en cuestión de segundos y listar por orden de probabilidad las enfermedades que puedes padecer partiendo del conjunto de datos con el que ha sido entrenada. Sin embargo, no se le ocurriría preguntarte si te has dado un golpe recientemente si tú no se lo dices. No percibiría si has llegado en estado de embriaguez. Tampoco repararía en si el recién nacido con el que acudes puede ser responsable de un fuerte déficit de sueño. Esa mezcla de percepciones e incorporación de las variables más relevantes tendría que hacerlas el personal sanitario humano y, eso sí, podría procesar toda esa información con inteligencia artificial estrecha. Aquí la IA sería una *herramienta*.

El segundo paso es la «inteligencia artificial general», que sería equiparable a la humana en términos de capacidad para aprender, razonar e interactuar con el entorno. Un sistema de inteligencia artificial general no sólo tendría que equipararse al humano en la forma de llegar al diagnóstico. Vería que acudes con una camiseta de Mallorca y te preguntaría por tu lugar favorito de la isla para generar empatía. Después tal vez te contaría un chiste mientras te hace las pruebas para que te relajes. Y, por último, te daría el teléfono de la vecina de arriba, una adolescente adorable que ejerce de canguro ocasionalmente, para que te des un respiro y duermas un rato. Es más, un sistema de inteligencia artificial general debería ser capaz de cuidar al bebé. Aquí la IA ya sustituiría a los humanos.

Aunque me implantase un chip en el cerebro para tener acceso a la capacidad de procesamiento de ChatGPT, no sería capaz de superar intelectualmente a Joy, Hawking ni Hinton. En el mejor de los casos sería capaz de responder igual de bien que ellos sobre determinadas cuestiones, pero nunca sería capaz de formularme las preguntas oportunas para avanzar en mis conocimientos. Podría aspirar a ser un sistema de inteligencia artificial estrecha especializada en Joy, Hawking y Hinton, pero nada más. El caso es que los tres creen que estamos muy cerca de llegar al punto en el que las máquinas tengan inteligencia artificial general (la que cuidaría al bebé) y se equiparen a los humanos. Sin embargo, en el instante en que máquinas y personas seamos igual de inteligentes, los humanos ya estaremos en desventaja porque nuestras velocidades de aprendizaje son muy diferentes. Para que una persona promedio se licencie en Ingeniería debe pasar un mínimo de cuatro años en la universidad, pero una máquina adquiere todos esos conocimientos de forma cuasi instantánea. Por lo tanto, una vez que saltemos a la fase de inteligencia artificial general, estaríamos muy cerca de la última fase, la que hemos visto en pelis como *Terminator*, cuando las máquinas se vuelven superiores y dominan el mundo. Según Hinton,

> el peor escenario no es que haya guerras de humanos contra robots. Lo peor es que no nos demos cuenta de que estamos siendo manipulados porque estamos compartiendo el planeta con un ente que es mucho más inteligente que nosotros.

Cuando Google era Delfos

Según reflejó Heródoto[10], el rey Creso de Lidia consultó al oráculo de Delfos sobre su destino en caso de enfrentarse a Ciro II, rey de Persia. La respuesta que obtuvo fue:

> Si cruzas el río Halis, un gran imperio será destruido.

---

[10] https://www.cambridge.org/core/services/aop-cambridge-core/content/view/70C38FFC0B81B7EDC620820D933BB7A9/S0075426916000112a.pdf/croesus_and_the_oracles.pdf

Creso, convencido de que estas palabras reforzaban sus ansias territoriales, atacó Persia y perdió. El oráculo había acertado, un gran imperio había sido destruido, pero no el que Creso pensó en un inicio.

No creas que Creso se había dejado llevar fácilmente por entender lo que quería escuchar. Preocupado por la fiabilidad y precisión de las respuestas, había puesto a prueba a siete oráculos enviándoles una pregunta sobre qué estaba haciendo él en un momento y día concretos. Cuando los mensajeros volvieron con las respuestas, sólo el de Delfos había contestado correctamente que Creso estaba cocinando tortuga y cordero en un caldero de bronce.

Es innegable que los oráculos, muchas veces, acertaban. Para eso eran oráculos, ¿no? Sin embargo, hay opiniones para todos los gustos sobre cómo lo hacían. Algunas van asociadas a los momentos de trance que tenían las pitonisas, en los que podían ver el futuro con claridad. Otras, ven más mérito en la capacidad de responder con ambigüedades (como en el caso de Creso) o metáforas, las cuales podían interpretarse de múltiples maneras para que sus fervientes adeptos siempre encontrasen verdad en el futuro, cuando reinterpretaban el pasado. También hay quien habla del poder de la profecía autocumplida según la cual, si tú crees que algo va a suceder, modificas tu propio comportamiento para hacer que acabe pasando.

Sin embargo, hay historiadores que defienden la teoría de que el secreto del oráculo de Delfos era precisamente su enorme acceso a todo lo que pasaba en el mundo helénico. La reputación de la que gozaba el oráculo hacía que multitud de visitantes de todos los rincones del imperio se acercasen hasta allí. En sus interacciones con las sacerdotisas aportaban valiosa información en sus preguntas, haciendo que estas pudieran dar respuestas más informadas de lo que pensamos. El oráculo se alimentaba con los datos que recibía y se retroalimentaba con los resultados de sus propias profecías. Igual que los algoritmos de inteligencia artificial. En un mundo donde las comunicaciones estaban en pañales, el templo de Apolo era lo más parecido a Google que había.

Existe también otra vuelta de tuerca en la teoría de las respuestas informadas y es la de las respuestas influenciadas. Una vez que el oráculo gozaba de gran reputación en sus predicciones y todo el mundo acudía hasta él con información, es probable que las sacerdotisas estuvieran políticamente influenciadas por las respuestas que daban.

Creso era considerado el hombre más rico de su tiempo. Vamos, la *celebrity* del momento. Y Creso confiaba en Delfos, ¡menudo *influencer* de lujo! Si lo piensas detenidamente, lo de que aquellos que tienen acceso a las mayores fuentes de información y recursos para promocionarse se aprovechen para manipular al resto, es muy poco innovador. Eso sí, con la tecnología la capacidad de recoger toda esa información y procesarla es mucho más rápida.

Sin embargo, 2.500 años de diferencia entre Delfos y Google también han dado de sí. En la antigua Grecia los templos recibían generosas donaciones para su sustento mientras que Google tuvo una lógica de negocio mucho más disruptiva, haciendo que las consultas fueran gratuitas. A fin de cuentas, eso de dar un servicio de manera gratuita y financiarlo con publicidad ya llevaban años haciéndolo los canales de televisión. Para la tecnológica, la información era un fin en sí mismo, no un medio. Según Shoshana Zuboff, justo en ese momento surgió el capitalismo de la vigilancia[11], el que comercia haciendo predicciones con datos personales de los usuarios. Los oráculos modernos no te

---

[11] https://www.bbc.com/mundo/noticias-47372336

hacen predicciones personales bajo demanda sobre cuándo encontrarás pareja. Pero, si la estás buscando, lo que hacen es predecir continuamente, para diferentes marcas, con el objetivo de anunciarte —y venderte— el modelito ideal para salir de fiesta.

Seguro que alguna vez te ha pasado. Estás charlando animadamente con una amiga sobre sus planes para disfrutar del próximo puente y mencionas lo mucho que te gustaría ir a la playa. Al volver al trabajo y conectarte de nuevo te das cuenta de que muchos de los anuncios patrocinados te ofrecen playas donde descansar el próximo puente, y además muy cerca de donde vives. Piensas que es por tu historial de navegación o porque en algún correo electrónico lo hayas comentado con tu marido. Tampoco te sorprendes en exceso porque no eres una ingenua, ya sabes que algún precio debe tener el usar un montón de servicios digitales de manera gratuita. Piensas que el oráculo habla, pero tú eres más lista e inmune a sus profecías. Lo que no te preguntas es si antes de expresar tu deseo de ir a la playa ya estabas viendo este tipo de anuncios y, tal vez, tu deseo ha sido menos libre de lo que pensabas. A fin de cuentas, la pitonisa de Delfos también podría estar acertando con la colaboración de la profecía autocumplida, ¿recuerdas?

Una noche en el casino

No sé si has estado en Las Vegas. Es una ciudad tremendamente interesante desde un punto de vista sociológico. Ya sea por adicción o por conseguir una foto de recuerdo, todos acabamos apostando. Pero lo verdaderamente divertido es observar a la gente reinterpretar las leyes de la probabilidad partiendo de sus sesgos más representativos.

Que si «hoy sólo sale rojo, dale al rojo»; que si «ya ha salido todo el rojo que podía salir, dale al negro». Cuando lo pensamos racionalmente, todos sabemos que las probabilidades del rojo son exactamente las mismas que las del negro. Otra cosa es cuando estresamos a nuestro cerebro tomando decisiones y este activa los sesgos cognitivos, pequeños atajos que nos permiten tomar decisiones de manera más rápida. Así, nos inclinamos a pensar que las tendencias seguirán su curso, que los malos resultados no pueden durar eternamente y que, con un poco más de tiempo, recuperaremos las pérdidas.

La realidad es que las personas somos malas gestionando probabilidades. Un estudio[12] analizó la percepción de la probabilidad (o probabilidad subjetiva) que tenemos cuando las predicciones se revisan. Es decir, que no siempre valoramos un 30 % de probabilidad de la misma forma. Por ejemplo, si el pronóstico del tiempo revisa su probabilidad de lluvias del 20 % al 30 %, la mayoría pensará que esa tendencia al alza seguirá y tenderán a pensar que lo más probable es que llueva esa tarde (aun cuando hay un 70 % de probabilidades de no hacerlo). Sin embargo, si el pronóstico pasa del 40 % al 30 % nuestra reacción no es la análoga y seguimos pensando en coger el paraguas.

Esta revisión emocional-intuitiva de las probabilidades no siempre es negativa. En enero de 2022, Rafa Nadal comenzó la final del Open de Australia contra el ruso Medvedev con una probabilidad de ganar del 36 %. Tras perder los dos primeros sets, comenzó perdiendo también el primer juego del tercero. Pintaba mal. El algoritmo de predicción de ganador incorporó los resultados del partido en curso, los cruzó con el histórico de partidos de ambos tenis-

---

[12] https://ose.utsc.utoronto.ca/ose/story.php?id=8531%C2%A7id=1

tas y revisó su predicción a la baja dándole a Nadal un 4 % de probabilidades de ganar. O, lo que es lo mismo, que si se disputaba ese mismo partido cien veces, sólo lo ganaría cuatro. Chungo, ¿no? Al final del partido, Nadal sumaba a su palmarés su vigesimoprimer título. Seguro que muchos de los que seguían aferrados al paraguas, aunque la predicción de lluvia bajara del 40 % al 30 %, mantuvieron sus apuestas firmes por el mallorquín. Una cosa es que fuera improbable, otra que fuera imposible. Los días siguientes vimos en prensa una explosión de artículos explicando al detalle de dónde había salido ese 4 % y los factores que el algoritmo no era capaz de incluir como el cansancio de cada jugador, el ánimo de la afición o incluso la moral.

Es posible, aunque altamente improbable en los tiempos que vivimos, que salgamos de casa sin móvil. Lo que nunca dejaremos son nuestros sesgos y prejuicios. Nos acompañan allá a donde vayamos y se alían con otra de nuestras características humanas: no sabemos gestionar la incertidumbre. En una ocasión, un directivo de una multinacional se lamentaba de cómo, especialmente las grandes empresas, tienen una aversión al riesgo que puede ser letal. «Castigamos enormemente la pérdida de dinero si adquirimos una compañía que no resulta como esperamos —me decía—, pero jamás penalizamos a nadie por el coste de oportunidad perdido al dejar escapar una empresa que después resulta ser un unicornio»[13]. Es cierto, pero es comprensible también. Es mucho más fácil evaluar cosas que han pasado realmente que cosas que podrían haber sucedido.

[13] En el sector empresarial se conoce como *unicornios* a aquellas empresas que consiguen una valoración de 1.000 millones (de dólares o de euros).

Sabiendo todo esto, y la capacidad de los algoritmos para predecir nuestro comportamiento, existen voces críticas que ponen en duda incluso nuestro supuesto libre albedrío[14]. El mundo está lleno de personas como Rafa Nadal, Churchill o Malala Yousafzai que en un momento dado nos sorprenden desafiando a las probabilidades y venciendo en condiciones adversas. El uso masivo de la inteligencia artificial para etiquetar y categorizar a las personas puede modificar las oportunidades que les brindamos a algunas de ellas por asociarles una baja probabilidad de éxito. En la actualidad, se usan algoritmos de inteligencia artificial en evaluaciones de riesgo para obtener un crédito o un seguro médico y en procesos de selección. También son el motor de sugerencias de emparejamiento en las aplicaciones de citas *online*. En algunos estados de Estados Unidos deciden incluso si vas a la cárcel o no según tu probabilidad de reincidencia.

Este último ejemplo ha sido especialmente polémico. El sistema ha recibido numerosas acusaciones por presuponer un sesgo negativo hacia las poblaciones afroamericanas, a las que puntuaría con un índice de reincidencia superior que a las blancas. Tras diferentes estudios a favor y en contra de la metodología seguida, *The Atlantic* publicaba un artículo titulado «Un popular algoritmo no es *mejor* prediciendo crímenes que un grupo de personas aleatorias»[15]. Tras leer el artículo, también lo podrían haber titulado «Un popular algoritmo no es *peor* prediciendo crímenes que un grupo de personas aleatorias», pero claramente el sesgo de encuadre funcionaría de manera diferente en sus lectores.

---

[14] https://www.wired.com/story/algorithmic-prophecies-undermine-free-will/

[15] https://www.theatlantic.com/technology/archive/2018/01/equivant-compas-algorithm/550646/

Por supuesto, esas voces críticas que denuncian los sesgos en los algoritmos deben ser escuchadas. Nos encantaría tener una sociedad más equitativa que no discriminase a nadie, pero por desgracia no es así. El ejemplo anterior muestra que los algoritmos son *tan malos* como las personas y no es ninguna sorpresa, ya que son un espejo de nuestra sociedad real y de sus sesgos. Hay personas que no quieren ni pensar en que un algoritmo evalúe su solicitud para un préstamo. Al parecer, piensan que los profesionales que les atienden han sido elegidos dentro de un selecto grupo de personas cien por cien imparciales. Debemos luchar contra los sesgos de nuestra sociedad, pero es erróneo pensar que la mejor manera es evitando que los algoritmos interfieran en nuestras vidas en favor del sistema de evaluación personal. Si de verdad nuestra sociedad pusiera énfasis en erradicar los sesgos que tenemos, sería mucho más efectivo empezar en las escuelas con programas específicos para entender cuáles son los que tenemos embebidos y desarrollar el pensamiento crítico. La parte algorítmica puede corregirse si alimentamos nuestros algoritmos con datos sintéticos que reflejen no la sociedad que tenemos, sino la que nos gustaría tener. El problema será encontrar consenso en cuál es nuestra sociedad ideal.

Hinton alerta sobre la posibilidad de que acabemos siendo manipulados por las máquinas sin siquiera darnos cuenta. Zuboff denuncia que esto ya lo hacen las grandes empresas tecnológicas del capitalismo de la vigilancia, que predicen nuestro comportamiento. Y no deberíamos tomarnos a broma a ninguno de los dos. Sin embargo, tampoco deberíamos olvidar que el mayor instrumento de manipulación al que nos sometemos diariamente es nuestro propio cerebro. Nos automanipulamos continuamente sin ser conscientes siquiera de ello.

A mediados de 2008, en plena crisis financiera, me tocó conseguir un préstamo para mi empresa, Libelium. La habíamos fundado en noviembre de 2006 y, aunque el futuro parecía prometedor, teníamos muy poco historial. Recorrí veintidós bancos invirtiendo una considerable cantidad de tiempo para acompañar nuestra escasa información contable con explicaciones del proyecto, las proyecciones, la tecnología y el mercado. Veintidós. Todos mis interlocutores compartían mi ilusión y buenas perspectivas, pero al final, «no había campos para meter esas variables en el programa de análisis de riesgo» y lo que pesaba es que éramos dos jóvenes de 24 años sin propiedades a nuestro nombre para avalar. Ante las perspectivas de obtener un resultado «no mejor», ojalá me hubiera evaluado un algoritmo en aquel momento: me habría ahorrado una cantidad ingente de horas. Para terminar la historia, y para que no te angusties, al final conseguí el préstamo. Hablando de sesgos, fue en la única oficina dirigida por una mujer. Pero seguro que eso fue casualidad.

No culpes a la tecnología de tus malas acciones

Vivimos rodeados de titulares postapocalípticos sobre el futuro de la tecnología. No sé tú, pero yo a veces leo algunos titulares que me dejan regusto a película distópica. Y si encima provienen de entrevistas con personas de reconocido prestigio, peor. El problema es que la mayoría de las personas que se interesan por este tipo de noticias se quedan únicamente en la ansiedad y el miedo momentáneo, pero no toman medidas al respecto. ¿Será que, en el fondo, no pensamos que las amenazas sean tan reales o es que ya hemos caído en una nihilista asunción de impotencia? Los hechos son que nunca ha habido tantas voces autorizadas previniendo sobre los desastres que puede ocasionar el mal uso de la tecnología, pero nuestra sociedad sigue consumiendo tecnología a un ritmo exponencial. ChatGPT tenía ya un millón de usuarios cinco días después de lanzarse[16], convirtiéndose en la plataforma tecnológica de mayor crecimiento de la historia.

A lo mejor, si se le dedicase tanta atención a hablar de nuestra falta de sentido crítico, de cómo nos dejamos llevar por nuestros sesgos y por lo que queremos ver en un momento dado, nos iba mejor. En su libro *Hablar con extraños*, el sociólogo Malcolm Gladwell expone multitud de ejemplos que ilustran lo erráticas que somos las personas juzgando las motivaciones de los demás y no sólo cuando estos pertenecen a diferentes culturas. Curiosamente, dedica unas páginas a analizar por qué los humanos *no son mejores* que los algoritmos cuando se trata de decidir si una persona debería ir a prisión basándose en su potencial reincidencia. Las voces horrorizadas por la creciente intervención algorítmica en operaciones como conseguir un préstamo tal vez deberían recordar que la introducción de sistemas de *rating* estadístico en la banca permitió que personas que no contaban con las relaciones adecuadas pudieran acceder a ello. Ya ves que todo es cuestión de perspectiva, quiero decir, de nuestro sesgo de encuadre.

En la comedia *Los seductores*, el protagonista es un ligón profesional. Se gana la vida enamorando a chicas por encargo de sus familiares y amigas con el objetivo de separarlas de parejas poco recomendables para ellas. Nuestro casanova tiene un estricto código ético y no acepta cualquier trabajo, antes tiene que observar a la chica y a su pareja para asegurarse de que ella no será feliz con él. Además, este período de investigación previa le sirve para reco-

[16] https://appdevelopermagazine.com/ChatGPT-gains-1-million-users-within-5-days/

pilar el máximo de información acerca de la chica: qué come, qué aficiones tiene, cuáles son sus ambiciones profesionales, qué libros le gustan... Pero su principal ventaja es que también tiene acceso a la información que puedan tener los familiares y amistades de la chica. Recuerda que por eso, porque la conocen mejor que nadie, han decidido por ella que la pareja que tiene no es la adecuada. Con todos esos datos, el ligón profesional tiene todo lo que necesita para asegurar el éxito en su cometido.

Shimon Yehuda Hayu también era un ligón profesional, pero de carne y hueso. Cambió su nombre por el de Simon Leviev, coincidente con el hijo de un magnate de los diamantes ruso. A través de aplicaciones como Tinder o Instagram contactaba con mujeres a las que seducía con una vida llena de lujos extravagantes. En un momento dado, les enviaba un misterioso mensaje lleno de drama diciéndoles que estaba en peligro y necesitaba una gran suma de dinero en efectivo o una tarjeta de crédito ajena para evitar ser rastreado. Por supuesto, todas accedían, ¿cómo no fiarse de un multimillonario? Lo que no sabían es que estaban financiando los regalos que impresionarían a su siguiente víctima. En total, se estima que Leviev estafó 10 millones de dólares a decenas de mujeres en dos años. ¿He dicho «contactaba»? Quería decir, «seleccionaba». Leviev, al contrario del protagonista de *Los seductores*, no contaba con el entorno de la víctima como aliado. Ni tampoco lo necesitaba. Tenía más que suficiente en los perfiles *online* de aquellas mujeres, podía elegir a las más fáciles de engañar y, sobre todo, a las más solventes.

Ambos casos son ejemplos de ingeniería social. Pura artesanía en la personalización de un mensaje. El primero es la versión analógica; el segundo, la digitalizada y criminal. La industrialización de la personalización no tiene por qué ser negativa, tiene su lado amable, por ejemplo, en entornos médicos, haciendo asequible el diseño de tratamientos especiales para nosotros considerando infinidad de variables que sólo se dan en nuestro caso. Así que lo que está claro es que en ningún caso podemos acusar a la tecnología de promover la manipulación. Puede que automatice el proceso de recabar información y permita industrializarlo, pero no la produce *per se*. Vamos a profundizar un poco más en esto.

La tecnología es un medio, nunca un fin

Los *deepfakes* son una técnica de inteligencia artificial mediante la cual podemos editar vídeos partiendo de personas reales, o no, y hacerles decir el mensaje que queramos. Esta técnica se ha utilizado para simular declaraciones de guerra por altos mandatarios o usar la imagen de famosos con uso publicitario sin su consentimiento —y sin pasar por caja—. Suponen el mayor riesgo para la existencia y el poder de la verdad, pues supone crear realidades alternativas en poblaciones a las que les resultará imposible detectar su falsedad. Sin embargo, la operadora de telefonía Orange encontró una aplicación mucho más positiva que puso en práctica durante el Mundial de fútbol femenino de 2023[17]. Un vídeo mostraba pases y goles magistrales ejecutados por destacados miembros de la selección masculina francesa mientras se oían los gritos de júbilo de dos comentaristas. Hacia la mitad, la imagen se congelaba y se desvelaba que las verdaderas autoras de aquellas jugadas eran las integrantes de la selección femenina, cuyos cuerpos se habían susti-

[17] https://dplnews.com/orangc-utiliza-deepfake-en-anuncio-de-patrocinio-de-la-copa-mundial-femenina/

tuido por los de sus compañeros. La campaña de la operadora respondía así a aquellos que piensan que las mejores jugadas sólo se dan en los partidos masculinos, exponiendo sus sesgos de género.

El 14 de mayo de 2019 San Francisco se convirtió en la primera ciudad que prohibía el uso de *software* de reconocimiento facial en las cámaras de vigilancia de la ciudad[18]. Mientras tanto en Londres, una de las ciudades con más cámaras de vigilancia del mundo[19], se daba luz verde al mismo. Recuerdo perfectamente la fecha porque dos semanas después participé en un grupo de trabajo del World Economic Forum sobre los retos que el Internet de las Cosas y la inteligencia artificial podían traer a nuestra sociedad, y el tema era la comidilla de todos los corros. Por supuesto, ninguno soportábamos la idea de una sociedad orwelliana en la que estuviésemos continuamente vigilados. Es más, compartíamos nuestra sorpresa de que tal regulación surgiera en el epicentro del liberal Silicon Valley mientras que en la reguladora Europa se optara por un camino opuesto.

Ya sabes cómo son estas cosas, todo el mundo se puso a dar rienda suelta a su imaginación pensando en escenas distópicas de vigilancia extrema. Maltratadores accediendo a la localización de sus víctimas en tiempo real y cosas peores. Entonces una persona, absorta en sus pensamientos dijo como para sí: «Mi padre tiene alzhéimer». Los demás nos quedamos callados, sin entender muy bien a qué venía aquello. No sabíamos si estaba hablando con el resto del grupo o consigo mismo. «A veces sale de casa sin documentación —prosiguió—. Se pone a pasear y se desorienta. Una

---

[18] https://www.nytimes.com/2019/05/14/us/facial-recognition-ban-san-francisco.html

[19] https://www.ft.com/content/f4779de6-b1e0-11e9-bec9-fdcab53d6959

vez lo buscamos durante horas hasta que lo encontramos. No nos hubiera venido mal poder buscarlo a través del sistema de cámaras». Y, de pronto, a todo el mundo se le ocurrió un caso en el que la identificación facial sería positiva: un niño que se pierde, un paciente que llega a un hospital inconsciente y sin documentación... El debate cambió de rumbo. Ya no se discutía sobre si el reconocimiento facial era bueno o malo, sino sobre las probabilidades que había de que se usara correcta e incorrectamente. Es decir, no es que no confiemos en la tecnología, no confiamos en nosotros mismos como personas usuarias de su potencial.

Podría seguir con más ejemplos, pero creo que lo pillas. La tecnología en sí es neutra, son los usos que le damos los que definen si es positiva o negativa. En su papel de optimizar y acelerar cualquier proceso, magnificará sus efectos ya sean buenos o malos. Como veíamos, nos puede ayudar a estafar a un número mayor de personas o a encontrar un niño perdido mucho más rápido. Por este efecto magnificador y acelerador es importante que la regulemos correctamente y que las empresas tecnológicas actúen con responsabilidad, pero nunca podemos responsabilizar a la tecnología de nuestras buenas o malas acciones.

Al principio de este capítulo dejaba sin responder la pregunta de si deberíamos tener un carné de conducir para conseguir un *smartphone*. Después de lo que hemos visto hasta ahora, entenderás que la respuesta está más bien en cómo equilibrar el rol de todos los componentes: empresas, sociedad y ciudadanía. Por eso, más que pensar en un carné, debemos replicar el ecosistema que surgió cuando aparecieron los primeros vehículos. Con ellos vinieron los primeros accidentes mortales, tanto para peatones como para conductores y pasajeros. Sin embargo, lo que nunca estuvo encima de la mesa fue limitar su uso. Al igual que con la tecnología actual, las ventajas son demasiadas como para no esforzarse en resolver los retos que generan. Así, al igual que los vehículos en los que circulamos son cada vez más seguros y confortables, los dispositivos que generan datos deben ser precisos y garantizar su integridad. La carretera es el equivalente a Internet: el entorno en el que nos movemos debe ser lo más fiable y seguro posible. Por supuesto, también debemos tener una regulación que se adapte a los cambios técnicos. La primera normativa de tráfico que tuvimos en España data de 1900 y se centraba en que los coches no superaran los 28 km/h en carretera y los 15 km/h en ciudad. A medida que los coches van más rápido dichos límites se han ido actualizando y se han generado normativas complementarias que introducen la obligatoriedad de usar el cinturón de seguridad, las sillitas de bebé o prohibir el uso del móvil mientras se conduce. Del mismo modo, la regulación en tecnología ha ido abordando aspectos como la protección de datos, la seguridad de los dispositivos y pretende abordar aspectos más complejos como la adicción que generan las plataformas sociales o el impacto de la inteligencia artificial. Todo este ecosistema necesita unos conductores formados en el uso del vehículo y las normas de tráfico, pero también sensibilizados con una conducción responsable que respeten los límites de velocidad y se pongan al volante sólo cuando estén en las mejores condiciones para hacerlo. A nadie se le ocurriría culpar a los fabricantes de automóviles de las consecuencias de que alguien conduzca bajo los efectos del alcohol.

Y tú, ¿eres ludita o ludópata?

En 1811, los tejedores de Nottinghamshire atacaron los telares automáticos que los estaban reemplazando inspirados por Ned Ludd, quien en 1779 había destruido el telar de su maestro[20]. Previamente, los empresarios textiles de la zona habían estado recibiendo cartas firmadas por un tal General Ludd reclamando mejores condiciones de trabajo. Desde entonces, el término *ludita* se usa de manera genérica para definir a todas aquellas personas que rechazan los avances tecnológicos.

Si examinamos los datos fríamente, los avances tecnológicos siempre han redundado en la creación de puestos de trabajo más cualificados reemplazando aquellos con tareas más repetitivas[21]. Por ejemplo, la reducción de costes en los automóviles producida por la fabricación en línea permitió que estos bajasen su precio y se incrementase su demanda. El resultado fue que no sólo tuvo que contratar a más trabajadores, sino mejorar sus condiciones laborales para asegurarse a los mejores[22].

Que la Revolución Industrial supuso un avance para nuestra sociedad es innegable, aunque los tejedores de Nottinghamshire no disfrutaron de esa mejora particularmente. Cada Revolución Industrial o tecnológica trae consigo nuevos retos que debemos incorporar en nuestra sociedad junto con su regulación. En el siglo XVIII el principal reto era cómo conjugar el progreso e incremento en la productividad con la calidad laboral de los artesanos. Ahora mismo, yo diría que los principales retos vienen por la parte ética y social. Prueba de ello es que el Parlamento Europeo quiere regular aquellas prácticas reconocidas en las plataformas

---

[20] https://historia.nationalgeographic.com.es/a/luditas-gran-rebelion-contra-maquinas-siglo-xix_14175

[21] https://www.theguardian.com/business/2015/aug/17/technology-created-more-jobs-than-destroyed-140-years-data-census

[22] https://www.lavanguardia.com/historiayvida/historia-contemporanea/20210307/6263083/mundo-creo-henry-ford.html

sociales como adictivas[23]. «Es cocaína digital», dicen. Y tienen razón, así lo han reconocido hasta los creadores de ciertas funcionalidades como el *scroll* infinito.

A estas alturas no sé si te identificas entre los luditas modernos o estás del lado de los ludópatas inconscientes, que no pueden vivir sin apostar continuamente su prestigio social en redes. Por raro que te parezca, se puede estar en ambos grupos a la vez. Seguro que tú también conoces a muchas personas supuestamente preocupadas por el uso de sus datos desde las grandes plataformas o por el creciente poder de la inteligencia artificial que luego regalan gran parte de su atención y datos a multitud de aplicaciones. Hay quien dirá que las grandes plataformas las han hecho adictas y ahora hay que resolver el problema vía regulación exclusivamente.

El Parlamento Europeo dice que las plataformas actúan como «cocaína digital» y pretende proteger a los consumidores vía regulación, y es necesario. Sin embargo, no debemos olvidar que, aunque el consumo y tráfico de drogas estén regulados y perseguidos, la realidad es que el problema sigue existiendo. Por este motivo la existencia de leyes no sustituye la labor de concienciación que se hace en las aulas y en los hogares para advertir de sus consecuencias más allá de las penalizaciones legales. Lo mismo pasa con el consumo de alcohol, la prohibición de su venta a menores de 18 años aisladamente no erradica el problema de que los menores accedan a él. La regulación es parte de la solución, pero nunca reemplaza a la educación. Por eso, volviendo al aspecto tecnológico, una cosa es la adicción a las aplicaciones que hay en nuestro móvil y otra ser conscientes del uso que estas hacen de nuestros datos.

---

[23] https://www.applesfera.com/aplicaciones-ios-1/cocaina-digital-parlamento-europeo-le-declara-guerra-al-gesto-que-hacemos-iphone

Instagram (Meta) ha sido demandada por docenas de estados en Estados Unidos por su impacto en la salud mental de los adolescentes[24]. Hay estudios que ya demuestran el impacto que tiene esta plataforma en las tendencias suicidas o en los trastornos de alimentación. Mientras se resuelve la demanda y se obliga a la compañía a poner controles de edad más exhaustivos para su acceso, yo prefiero dosificar personalmente el acceso que tienen mis hijas a ella. Existen varias iniciativas en las que las familias de ciertos institutos se han organizado para acordar no darles a sus hijos un móvil hasta los 16 años[25][26]. Actualmente, esa edad está generalizada en los 12 años y la razón es la enorme presión social para evitar que tu vástago sea «el» excluido del grupo por no tener uno. Que digo yo, y si a todos les da por drogarse, ¿actuarían igual las familias, temiendo tener en casa al excluido? Como con cualquier adicción, entender mejor cuál es su impacto en nuestras vidas nos ayuda a tomar mejores decisiones, a retomar parte del control.

El caso es que un detalle en las noticias anteriores me hizo sonreír. Las familias se están organizando a través de grupos de WhatsApp, empresa que pertenece a Meta. Se organizan para evitar que su descendencia acceda en exceso o demasiado pronto a aplicaciones como Instagram, también propiedad de Meta. Un ejemplo más de la neutralidad de la tecnología. La que no sé si sonreirá tanto es Martita cuando su madre lea este capítulo.

---

[24] https://www.theguardian.com/technology/2023/oct/24/instagram-lawsuit-meta-sued-teen-mental-health-us

[25] https://www.eldiario.es/catalunya/familias-unen-pactan-no-dar-movil-hijos-16-anos-evitamos-presion-social_1_10651858.html

[26] https://www.heraldo.es/noticias/aragon/2023/11/05/ies-reyes-catolicos-ejea-caballeros-libre-moviles-educacion-zaragoza-aragon-1688580.html

¿Por qué este libro?

Puede que seas del colectivo de luditas convencidos o del de los adictos inconscientes. Puede que tu visión del futuro con la tecnología sea oscura y tenebrosa como el ojo de Sauron y al mismo tiempo hayas caído en una amarga impotencia. O a lo mejor eres como mi amiga Raquel, una persona que es capaz de ver todo el potencial que tiene la tecnología, pero que al mismo tiempo se siente insegura a la hora de digerir todos los cambios que vienen de golpe. Las personas como Raquel reconocen el aspecto positivo y social de la tecnología en nuestra sociedad y creen que merece la pena hacer un esfuerzo por superar los retos que nos presenta. Al mismo tiempo, son personas que no nacieron como nativas digitales, aunque puede que tengan hijos que sí lo son. No han llegado a entender el impacto que sus datos generan y, por tanto, no pueden protegerse del mismo. Son conscientes de la infinidad de cosas que desconocen y tienen ganas de aprender sobre ellas.

Estamos ante una revolución que presenta retos éticos y sociales que deben ser resueltos por el trinomio empresa, sociedad y ciudadanía. Hay muchos libros que atacan los aspectos sobre cómo deben regularse las compañías, muchos escritos por voces más que autorizadas. Como veíamos antes, la regulación será complementaria, pero no nos eximirá de abordar como sociedad una profunda alfabetización digital. Por esto este libro no pretende cambiar las políticas dentro de las megaplataformas ni movilizar Gobiernos, sólo pretende que tú comprendas mejor en qué afecta a tu día a día los datos que compartes y en qué medida puedes recuperar parte del control.

A lo mejor, cuando termines de leer, haces cambios en tus hábitos digitales o puede que decidas no hacerlos. Puede que uses las historietas y ejemplos que hay en él para hacer que tus hijos piensen un poco más en las implicaciones de vocear su vida entera en redes sociales. Tener más información ya nos hace un poco más libres y conscientes, incluso si luego no hacemos nada con ella.

Quiero que este libro te sirva a ti y sólo a ti, independientemente de lo que mañana se regule. Porque sólo tú tienes la responsabilidad de decidir cuánto quieres delegar en estas megaplataformas.

EN EL SIGUIENTE CAPÍTULO te explicaré cómo hemos llegado hasta aquí. Daremos un repaso a la ensalada de términos como IoT, IA, *blockchain, data sharing, open data*, etc., y veremos el rol que cada uno juega en la economía de los datos.

Hablaremos de cómo hemos pasado a tener sensores hasta para pedir papel higiénico y necesitar nuevas palabras para medir los datos que tenemos. Profundizaremos en la neutralidad de la tecnología y te contaré una historia donde la tecnología tuvo un rol realmente inspirador para mí.

Entraremos más en detalle sobre la importancia que tiene que los datos sean de calidad para poder tomar buenas decisiones apoyándonos en ellos. Y también veremos los beneficios para la transparencia de nuestras instituciones que tiene publicar en abierto grandes cantidades de datos, por supuesto no de carácter personal.

También verás que el desarrollo de estas tecnologías de manera exponencial es lo que hace que se nos atraganten cuando intentamos digerirlas. Por eso no es una cuestión de estar a la última en todas las tecnologías, sino de ser capaz de evaluar con ojo crítico el impacto que tienen en nuestra vida, tanto las existentes como las que vendrán.

Capítulo 2

¿EN QUÉ MOMENTO NECESITAMOS ZETTABYTES?

Cuando era pequeña e iba al colegio, todos teníamos LA lista de clase: un folio que contenía los nombres y apellidos, en orden alfabético, de los cuarenta y pocos estudiantes (o terroristas, según el día) de la clase, con su teléfono de casa. Se la entregaban a tus padres en la primera reunión de curso, sin indicar quién era el responsable del tratamiento de datos, ni consentimiento ni nada. Tu teléfono de casa lo tenían todos tus compañeros, y punto. Así, cuando la profesora quería dar un mensaje de última hora, generalmente el día antes de una excursión, llamaba a casa del primero de la lista y le transmitía el mensaje, este era responsable de llamar al siguiente y así sucesivamente hasta llegar al último. Como todo sistema de envío masivo, o *broadcasting,* tenía sus retos y problemas y a veces algún mensaje se perdía a mitad del circuito, pero más o menos cumplía su misión. La hora de inicio de la cadena de mensajes era absolutamente crítica, ya que para que el mensaje llegase del primero al último, todos debíamos estar en casa en el momento crítico de recibir LA LLAMADA. Cuanto más tarde, menos probabilidades de completar la cadena, porque a cinco minutos por llamada recibida y devuelta se necesitaban más de tres horas para completar el procedimiento con toda la clase en condiciones perfectas. Con lo útil que hubiera sido localizar a todos sin necesidad de que estuvieran en su casa, ¿no?

Después, cuando empezamos a salir por ahí, había una convocatoria general con sitio y hora que todas teníamos que cumplir. Nada de «Diez minutos más, que se me ha hecho tarde, porfi» ni «Id pidiendo, que acudo directa al bar». Si eras muy puntual y tus amigas no, esperabas en la calle mirando al infinito y desesperándote a fuego lento o sufriendo el cierzo helador (yo es que soy de Zaragoza y son las opciones climáticas que tenemos). Como mucho, podías buscar una cabina o entrar a una cafetería que tuviera teléfono de monedas y marcar de memoria el número de casa de tu amiga, para que te dijeran hacía cuánto había salido de casa, si es que había salido...

Tuve mi primer móvil poco después de entrar en Ingeniería Informática, en septiembre de 1999. Era un Motorola estilo ladrillo, de los que tienen la antena externa y le daban más aspecto de *walkie-talkie* o teléfono satelital que otra cosa. Muchas veces lo llevaba apagado para ahorrar batería (lógico, ya que *sólo* duraba entre tres y cuatro días) porque la finalidad de tener un móvil no era estar localizada en todo momento sino disponer de una forma de llamar cuando YO lo necesitase, siempre y cuando me quedara saldo, claro. Y cuando llegaba a casa, lo dejaba por ahí olvidado en mi cuarto y no lo movía de habitación en habitación como si fuera parte de mí, al igual que tampoco movíamos de sitio el teléfono fijo.

Justo ese año sucedió otro importante hito. Por primera vez, las operadoras permitieron que se pudieran enviar SMS entre usuarios de diferentes compañías. A nivel técnico, la posibilidad existía desde los ochenta[1] y primero se

---

[1] https://theweek.com/articles/469869/text-message-turns-20-brief-history-sms

utilizó para que fueran las operadoras las que se comunicaran con sus clientes porque, ¿a quién iba a resultarle útil enviar mensajes de 160 caracteres cuando tenía un teléfono en sus manos para llamar a esa persona? Para sorpresa de muchos esto sedujo a mucha gente, que descubrió los beneficios de la comunicación asíncrona. Así que, entre ahorrar saldo, ya tuviésemos contrato o tarjeta, y el propio límite de caracteres de los mensajes de texto, nos pusimos todos muy creativos. Los SMS se comprimían y economizaban al máximo, eliminando vocales o sustituyendo trozos de palabras por símbolos o números con una fonética similar a lo que queríamos decir. Era un verdadero arte y a algunos se les daba mejor que a otros. El lenguaje SMS se convirtió en todo un fenómeno que llevó a crear iniciativas como un diccionario propio por parte de la Asociación de Usuarios de Internet y tuvo a la RAE dando vueltas con el tema.

Para quedar el sábado por la noche aplicábamos el «método lista» de cuando íbamos al colegio, enriquecido con la última tecnología disponible. Cada uno enviaba un SMS al siguiente y, como confirmación de la recepción, este hacía una llamada perdida al emisor. Había una variante en la que el mensaje inicial contenía la lista total de receptores y tú tenías que borrar a los que ya hubieras avisado. La ventaja era que, al seleccionar de la lista y no seguir un orden preestablecido, podías elegir al que te resultase más barato enviar un SMS, por compañía o promociones de grupos de amigos, y conseguir la comunicación más económica. Al fin y al cabo, para eso éramos estudiantes de Ingeniería.

Los *smartphones* o teléfonos inteligentes no llegaron hasta el 2007, pero aun así el uso masivo que les damos hoy en día, y nos mantiene conectados en todo momento, no llegó hasta que las operadoras introdujeron las tarifas de datos ilimitadas y enviar contenido se convirtió en algo accesible y disponible. Ese año también fue el que por primera vez se enviaron más mensajes de texto que llamadas de teléfono, seducidos por esa forma de comunicación breve y asíncrona que proporcionan.

Ahora tenemos a nuestros amigos y familiares organizados en grupos de mensajería instantánea que conforman una suerte de conversaciones abiertas, sin principio ni final. Tal vez por eso elegir un sitio y hora para quedar lleve cientos de mensajes en los que abunden las propuestas y nadie decida, aunque la mayoría insista con un «lo que queráis». Llevamos en el bolsillo un dispositivo más potente que los supercomputadores de hace treinta años y, sin embargo, muchos han renunciado a la posibilidad de hacer llamadas en tiempo real en pro de intercambiar mensajes de audio en plan cambio y corto. Vamos, que hemos convertido a nuestros teléfonos superinteligentes en *walkie-talkies* con cobertura global.

No sé si cuando Steve Jobs empezó a fantasear con la idea de los primeros iPhone podía imaginar que cambiaría para siempre la forma en la que las personas los usan (digo «no sé» porque Steve Jobs era mucho Steve Jobs), pero lo cierto es que, a medida que van surgiendo nuevas funcionalidades y prestaciones, vamos adaptando y cambiando la forma en la que consumimos la tecnología. En los años noventa se puso de moda, entre los ejecutivos superimportantes y el personal de ventas, un aparatito que se solía colgar del cinturón, en plan riñonera, que se llamaba «busca». La funcionalidad que ofrecía no era otra que la de recibir un mensaje de texto indicando que llamases a un número de teléfono de un cliente o familiar —cuando pudieses, claro—, porque con el busca no podías devolver llamadas ni mensajes. Las personas que querían contactar contigo lo hacían llamando a una centralita en la que dejaban sus datos para conformar el mensaje que luego recibías. Es decir, era una descentralización del contestador automático. La verdad es que nunca llegaron a tener la penetración de mercado que hoy tienen los teléfonos inteligentes. Ciertamente, no podemos comparar lo que podemos hacer con ellos a la monofunción que nos ofrecían los buscas, pero también es cierto que uno de los principales usos que le damos a nuestro teléfono es el de escribir mensajes vía WhatsApp con un «Llámame cuando puedas, es urgente» o «Llámame cuando tengas un rato y comentamos la reunión de mañana». Es decir, podríamos considerar que los *smartphones* son en cierto modo una versión 3.0 de los antiguos buscas, los cuales se han enriquecido con la funcionalidad del doble *check* azul. Si nunca lo habías pensado es porque la tecnología tiene ese inmenso poder de reinventar cosas que ya existían hasta el punto de hacerlas irreconocibles de su versión inicial.

Recuerdo cómo se hizo viral el comentario de un fan de *Stranger things* que preguntaba «para qué servía la habitación roja donde hacen cosas con las fotos»[2] que dividió al mundo entre *millennials* y menores, y el resto. La fotografía se inventó en el siglo XIX, pero los avances técnicos en su producción y revelado han cambiado totalmente la forma en la que la consumimos. Los primeros televisores comerciales son de los años treinta, por lo que, si comparo los aparatos de mis abuelos con los que tuve yo hasta mi edad adulta, durante años, las diferencias en la experiencia de usuario estaban en su asequibilidad, calidad de imagen o número de canales. El mando a distancia en sí fue toda una revolución, aunque no pudiéramos hablarle a la televisión a través de él. Sin embargo, mis hijas ya no conciben ni las

---

[2] https://www.theguardian.com/tv-and-radio/shortcuts/2019/jul/29/in-the-dark-why-the-stranger-things-red-room-is-confusing-younger-fans

interrupciones por anuncios ni ser usuarias pasivas, con aceptar que no todas las pantallas del mundo son táctiles ya tenemos suficiente. La *tele* ha pasado de ser LA fuente de los programas «que echaban» a UN reproductor más de los contenidos que tú eliges ver en cada momento y lugar. Ese salto exponencial en sólo una generación es lo que conocemos como *disrupción* y en los últimos años lo hemos visto en la fotografía, teléfonos, medios de transporte, comunicación e incluso hasta en nuestra forma de comprar, que está llegando a todos los rincones del mundo tal y como lo conocemos hoy.

Mientras escribo estas páginas siento como si hablase del Pleistoceno, aunque objetivamente han pasado menos de veinticinco años. El mero hecho de recordar las formas de comunicarnos en nuestra niñez me trae a la cabeza estampas que me cuesta encajar con nuestro mundo actual, pero es lo que tiene vivir tiempos exponenciales. La brecha tecnológica y sus implicaciones en nuestra forma de comunicarnos y vivir el día a día es mucho menor con nuestros abuelos que la que tenemos, no sólo con nuestros hijos, sino en ocasiones hasta con nuestros hermanos pequeños.

Una evolución acelerada

Lo más bonito de la tecnología es cuando llegas a ese punto en el que la usas y te beneficias de ella sin siquiera verla. Del mismo modo que disfrutamos de una película sin pensar en los aspectos técnicos que la hacen posible o leemos una novela sin cuestionarnos el proceso creativo de su autora, llamamos por teléfono al otro lado del mundo y no somos conscientes del increíble viaje que tienen que hacer las señales de radio que emiten nuestros dispositivos a través de las redes de comunicaciones. Tampoco nos maravillamos de que esa red pueda estar funcionando a la vez para miles de millones de personas. Cuando nos montamos en el coche, no estamos pensando en cómo funciona el motor de combustión y mucho menos en que al abrir el navegador estamos comunicando constantemente con un satélite. Lo tenemos totalmente interiorizado, lo usamos y ya está. La rapidez con la que introducimos nuevos avances en nuestra vida nos impide cuestionarnos sus contrapartidas, más allá de su conveniencia inmediata.

La máquina de vapor marcó la primera Revolución Industrial en 1780. Poder sustituir la fuerza humana o animal por la de una máquina cambió nuestra forma y capacidad de producir, así como la forma de movernos de un lugar a otro. En 1830 se inauguraba la primera línea de ferrocarril, que unía Liverpool con Manchester, para transportar personas de una manera más eficiente que a pie o a caballo. Un solo invento había cambiado nuestro mundo por completo, y aun así habíamos necesitado cincuenta años de mejoras y pruebas para aplicarlo al transporte de personas. La segunda Revolución Industrial, en 1870, llegó con el acceso a la electricidad, que propició una producción en masa en las fábricas y permitió automatizar múltiples actividades. Esta época también se conoce por los avances que se hicieron en comunicaciones, ya que se inventó el teléfono. Teníamos un tren que podía transportar el correo, pero levantar el auricular y hablar directamente con la persona que queríamos era otro nivel. El siguiente salto lo dimos en 1969, cuando conseguimos mandar al primer hombre a la Luna y se estableció la primera conexión entre computadoras, dando origen a lo que hoy conocemos como Internet. De nuevo, entre ese momento y tener Internet en nuestros dispositivos móviles con una velocidad que nos permite ver un capítulo de nuestra serie favorita en *streaming*, ha habido un trecho en el que hemos vivido cómo

Internet únicamente estaba disponible para universidades, empresas y sólo después para los usuarios domésticos *premium*, con aquellos odiosos módems de 56Kbs que ponían a prueba nuestra paciencia. Sin embargo, en aquel momento, si tuviéramos que definir con un adjetivo cómo era Internet, dudo mucho que hubiéramos dicho «lento». Nuestras expectativas no eran las mismas que ahora y el mero hecho de poder chatear con personas al otro lado del mundo en tiempo real o enviar una carta que llegase de forma inmediata por correo electrónico nos parecía simplemente asombroso. Más o menos desde 2011, hemos comenzado una cuarta Revolución Industrial marcada por el Internet de las Cosas o *Internet of Things* (IoT, como se lo conoce en la industria), que nos ha permitido multiplicar la cantidad de datos que recopilamos, la inteligencia artificial, el *machine learning* o el *blockchain.* Incluso, en una prueba más de cómo la rapidez nos hace no ya agotar revoluciones a mayor velocidad sino solaparlas, los hay que apuntan directamente a la quinta Revolución Industrial, bautizada como la era de la personalización, fruto de la aplicación de las tecnologías anteriores a los hábitos de consumo.

Un Internet para todas las cosas

Precisamente por el *Internet of Things* estoy hoy aquí. A finales de 2006, con el proyecto final de carrera aún por terminar, cofundé Libelium, una empresa que se convertiría en todo un referente a nivel mundial en la materia, o eso dicen[3]. Lo que sí es cierto es que fuimos uno de los pioneros, y también de los pocos que han sobrevivido a un viaje

---

[3] https://readwrite.com/stay-ahead-of-the-iot-curve-experts-shaping-the-industry/

tan apasionante e inspirador como retador y despiadado en ocasiones.

El término IoT fue acuñado en 1999 por Kevin Ashton en el Instituto de Tecnología de Massachusetts (MIT). Ashton estaba investigando las posibilidades de la identificación por radiofrecuencia o RFID y vio el potencial de que los ordenadores pudieran controlar ciertas *cosas* de forma totalmente remota. Los primeros usos, sin embargo, ya estaban ahí de manera muy sutil desde 1982, cuando unos investigadores de Carnegie Mellon decidieron conectar una máquina expendedora del campus[4] a ARPANET, que era el equivalente a Internet hoy. Poco después, en 1990, los ingenieros John Romkey y Simon Hackett exhibieron en una conferencia en California una tostadora conectada (esta vez sí, al Internet que conocemos hoy en día) que podía apagarse y encenderse de forma remota. En ninguno de los casos podían imaginarse la gran revolución en la que vivimos hoy en día.

Cuando Libelium nació, en 2006, el *Internet of Things* o IoT tampoco es que fuera mucho más conocido, pero la idea de crear dispositivos que incluyeran al menos un sensor y conectividad para hacer que las cosas «sintieran y nos hablasen» tenía un enorme potencial. Había un puñado de *start-ups* por todo el mundo pero, sobre todo, era cosa de investigadores que escribían artículos científicos desde universidades y aficionados a la electrónica que emulaban a Romkey y Hackett desde sus casas, creando activadores para el riego del jardín o sistemas antintrusión caseros que enviaban mensajes al teléfono cuando se abría una puerta.

El hecho de que una pandilla de frikis comenzara a divertirse creando miniobjetos conectados no es que tuvie-

---

[4] https://www.cs.cmu.edu/~coke/history_long.txt

ra un gran impacto en la industria, pero sí comenzó a tenerlo en el tipo de *start-ups* que se lanzaban al mercado. Durante unos años la manera más sencilla de obtener financiación de inversores era llevar un proyecto con la enésima propuesta de red social temática (el momento en el que red social se convirtió en sinónimo de Facebook todavía no había llegado) o una aplicación para los recién salidos *smartphones*. Lanzar una empresa con un fuerte componente *hardware* no sólo se consideraba poco *sexy* en general, sino que las posibilidades de obtener financiación se reducían notablemente. Lo primero empezó a cambiar con gente como Romkey y Hackett, lo segundo se solucionó de una forma que veremos enseguida.

Desde Libelium observábamos la inmadurez del mercado como resultado de la enorme variedad de proyectos que nos llegaban para atender esa demanda de gente queriendo «conectar cosas». Para la mayoría de nuestros primeros clientes, tanto empresas como ciudades de todo el mundo, pero sobre todo universidades y centros de investigación, el objetivo primordial era probar los límites de la tecnología y descubrir qué era posible. Con los años, pusimos sensores conectados en bosques para detectar de manera temprana cuándo había un incendio; en los cauces de los ríos, para alertar a los cuerpos de seguridad de las crecidas; en campos de fresas, para ahorrar agua de regadío y reducir el uso de pesticidas; en la falda del volcán La Boca del Infierno (Nicaragua), para medir la toxicidad de los gases que emitía en erupción; en piscifactorías vietnamitas, que querían saber si sus pececillos nadaban sanos y felices en aguas buenas para su correcto crecimiento. Llegamos a hacer una miniaturización de nuestros dispositivos para que investigadores australianos los pusieran en unas minimochilas que llevaban los koalas para controlar sus niveles de estrés, ¡más cuquis! Y finalmente dimos el salto al espacio con otro minisensor a bordo del satélite Ardusat, que lanzó la empresa californiana Nanosatisfi, en colaboración con la NASA y la JAXA, con fines educativos. De repente, todo o casi todo se podía medir y controlar de forma remota y todo un universo de optimizaciones y mejoras de producción se abría en el horizonte.

Para hacer cosas se necesita pasta

Como decía antes, uno de los obstáculos a esta fiebre creadora de objetos conectados es que, para hacerlos, no bastaba con un ordenador y diferentes herramientas de *software* libre que cualquier estudiante de Ingeniería podría tener. Para crear el primer prototipo de YouTube sólo se necesitó el tiempo de programación de sus fundadores y espacio web en el que almacenar los contenidos de muestra. Con eso ya se podía plasmar la idea en una colorida y llamativa presentación y buscar inversión. Sin embargo, si quieres diseñar objetos físicos, lo más probable es que necesites capital desde el primer día. Como resultado, a finales de la década de 2000 vimos las primeras plataformas de *crowdfunding* que permitían conectar a creativos y emprendedores con micro inversores para recaudar dinero en línea, al margen de los habituales fondos de capital riesgo.

Las plataformas como Kickstarter o Indiegogo fueron todo un catalizador de creatividad. La principal ventaja de estas plataformas para los emprendedores es que comenzaban validando que existía un mercado para su producto, no en vano la financiación venía del compromiso con pago por adelantado de los primeros clientes o donantes. De ahí salieron grandes éxitos como Pebble Time, que fue uno de los primeros relojes inteligentes; las gafas de realidad virtual Oculus Rift, que posteriormente adquirió Facebook por una millonada, o el juego Exploding Kittens. Además, estos emprendedores pudieron lanzar sus productos al mercado sin necesidad de ceder un sólo punto del porcentaje de su empresa (en ocasiones aún por crear) a un fondo de capital riesgo. Sin embargo, esto último también tenía su contrapartida. Un emprendedor que pretende conseguir varios cientos de miles de euros de un fondo de capital riesgo se enfrenta a un sinfín de preguntas que no hacen los primeros clientes amigos a los que les han pedido unos pocos euros. Y esas preguntas deben obtener la respuesta adecuada. La finalidad del proceso no es sólo validar el producto y su encaje con el mercado, sino especialmente al equipo que lo va a llevar a cabo. Por eso, los clientes que dieron su respaldo a los proyectos de drones Zano o Lily lo hicieron sólo considerando lo mucho que deseaban el producto prometido, pero nunca se plantearon si el equipo al frente sería capaz de enfrentar todos los retos técnicos y productivos de llevar el proyecto a la realidad. Ninguno de los proyectos vio la luz y en el caso de Zano tampoco se devolvieron los fondos. Así son las inversiones de alto riesgo, a veces salen bien y a veces fatal. También hubo gente que o se pasó de lista o fue terriblemente mala con la gestión de los fondos recibidos, como la artista Amanda Palmer que recaudó una cifra espectacular (1,2 millones de dólares) en Kickstarter para financiar su nuevo álbum y gira en solitario y después se descubrió que estaba buscando músicos voluntarios para tocar gratis en la gira alegando que había gastado todo el importe en la producción del disco.

En lo que a mí respecta, no es que prefiera ni un método ni el otro. El modo de obtener financiación para tu proyecto es una decisión más a tomar dentro de la ejecución del mismo, considerando lo que cada uno te va a aportar y qué es lo que necesitas en ese momento. Sin ir más lejos, Libelium se autofinanció con medios propios durante más de quince años para luego dar cabida a diferentes inversores. Lo que sí que creo es que es tremendamente positivo que existan plataformas de este tipo que ofrezcan alternativas diferentes de financiación. Que haya más variedad de opciones en un mercado nunca es negativo para los consumidores.

En cualquier caso, si invertiste en alguno de esos proyectos fallidos de *crowdfunding*, no te fustigues por no haber sabido elegir bien. Consuélate pensando que, al contrario de los grandes fondos de capital riesgo, tú no tienes a disposición un equipo entero de analistas y abogados revisando todos los aspectos legales, contables, fiscales, técnicos y ejecutivos para asesorarte en la decisión final. Por ejemplo, el mismísimo Google, con todos sus recursos, fue uno de los diecisiete inversores que, junto a gente lista como Kleiner Perkins Caufield & Byers o los de las famosísimas sopas Campbell, metieron hasta 118,5 millones de dólares en la empresa Juicero[5]. El único producto que vendían era una licuadora que funcionaba como una Nespresso y exprimía en el momento, con una presión de 7.000 kilos, unas bolsas (a 7 dólares cada una) que sus diseñadores habían hecho jugando a ser Steve Jobs. A saber, un diseño impecable —en varias revistas llegaron a decir que el producto era «el iMac de los *juicers*»— y un precio *premium* de 700 dólares. ¿He dicho ya que la licuadora venía con su propia *app* para llevar la cuenta de la fecha de caducidad de las bolsitas o el recuento de las mismas? Claramente un gran valor añadido. El problema es que ni contaban con Steve Jobs para idearlo ni con George Clooney para promocionarlo, y algunos detalles digamos que hacían aguas. Las bolsitas de zumo en cuestión, que si te las estás imagi-

[5] https://hipertextual.com/2017/09/origen-caida-juicero

nando ahora mismo o las has llegado a ver por Internet son, efectivamente, como esas en las que clavas una pajita y se las das a los niños, podían exprimirse con las manos desmontando todo el invento. Al principio esto era algo que se podía intuir, una de esas cosas estilo traje nuevo del emperador que todos sospechan pero nadie se atreve a decir, hasta que una periodista de Bloomberg creó un vídeo viral en el que mostraba cómo exprimía una bolsita de zumo con sus propias manos. El resto te lo puedes imaginar: drama, despidos, clientes descontentos y gente preguntando en qué narices estaban pensando cuando invirtieron ahí.

Juicero se lanzó en 2013, justo el año en que apareció en el mercado otro producto conectado con padrinos de lujo, llamado Egg Minder, que ofrecía gestionarte (que no tocarte) los huevos. Se trataba básicamente de una huevera inteligente con lucecitas y conexión wifi que se comunicaba con una *app* desde dentro de la nevera para decirte cuántos huevos tenías y cuáles eran los que estaban más próximos a caducar. Así, si entrabas en el supermercado a lo loco, sin lista de la compra ni nada, al menos podías tener cierto control en tu vida y saber cuántos huevos tenías en la nevera. Los tomates ya no, pero por algo se empieza.

La idea surgió en una plataforma de innovación colaborativa que mezclaba el *crowdfunding* con el capital riesgo que se llamaba Quirky y venía a resolver precisamente los problemas de ejecución de proyectos que se veían a veces en los sitios como Kickstarter. Aquí los inventores podían registrarse y subir sus ideas, tan variadas como soportes para tabletas electrónicas, accesorios de cocina, electrodomésticos y un largo etcétera. La comunidad co-creaba e interactuaba con el producto sugiriendo mejoras y votando aquellas invenciones que veían más interesantes y, finalmente, el equipo técnico de Quirky producía y comercializaba aquellas más prometedoras dándole un *royalty* al emprendedor. La plataforma tenía ambiciosas aspiraciones, concretamente «democratizar el acceso a la invención», levantó 170 millones de dólares y tenía alianzas con empresas como Amazon, Mattel o General Electric, las cuales prestaron su experiencia en industrialización para lanzar el Egg Minder. En 2015, sin embargo, Quirky tuvo dificultades financieras y acabó cerrando[6], dejando completamente huérfanos a todos los consumidores que les habían confiado sus huevos a productos como Egg Minder.

El caso es que entre la abundancia de frikis haciendo cacharros conectados, las plataformas de *crowdfunding* apoyando y los fondos de capital riesgo metiendo pasta como locos en chorradas como Juicero o Egg Minder, por si acaso eran el próximo unicornio, esto del IoT se puso de moda.

De cuando tu vida cabía en un disquete a las *apps* que te ayudan a encontrar aparcamiento

Cuando aprendí a programar en la universidad, guardaba los archivos de código fuente de las prácticas en un disquete de 1,44 megabytes (MB) de capacidad. Con los ojos de hoy me resulta imposible pensar en una unidad de medida tan minúscula, pero lo cierto es que me cabían las prácticas de todo el curso y los apuntes correspondientes. Eso sí, para compartir fotos o incluso capítulos de series —esas que te descargabas del eMule a trocitos pequeños a lo largo de días o incluso semanas— era necesario recurrir a una llave USB de al menos un gigabyte (GB). Los tamaños de los textos se medían en kilobytes, los de las canciones en megabytes y los de las pelis en gigabytes. Fácil, ¿no? Pero

---

[6] https://d3.harvard.edu/platform-digit/submission/quirky-the-failure-of-invention-crowdsourcing/

muy pronto esas unidades de medida se quedaron «pequeñas» para poder cuantificar la cantidad de tráfico de datos digitales que se transmitían por Internet y así es como surgió la palabra zettabyte (ZB) para referirnos a un billón de gigabytes. Difícil de imaginar, ¿verdad? Piensa que si grabásemos una película en alta calidad que ocupase 1 ZB ¡duraría 36 millones de años![7]

En 2015, por primera vez, el tráfico de datos de Internet superó 1 ZB, producidos principalmente por la transmisión de vídeos, incluyendo los servicios de *streaming* como YouTube, Netflix, HBO Max o Amazon Video, entre otros. Irónicamente, parece que al final nos hartamos todos de descargar pelis dependiendo de si el propietario del fichero tenía el ordenador encendido, por mucho que fuera gratis, y preferimos pagar por tener un servicio en línea e inmediato, además de legal.

Ahora que visualizamos lo que es un zettabyte, te diré que según la firma de análisis de mercado IDC en 2025 habrá 152.200 dispositivos IoT conectados a Internet por minuto y generando 180 ZB[8]. Y aunque es cierto que ese tráfico también incluye el generado por cámaras de vídeo conectadas, el potencial que tienen los objetos de generar datos es abrumador. En realidad, hace tiempo que ya lo podíamos intuir: en 2013 Twitter generaba 80 GB de contenido diario, mientras que cada una de las veinte cuchillas de una turbina de gas ya producían 520 GB[9].

---

[7] https://computerhoy.com/noticias/internet/era-del-zettabyte-asi-sera-internet-2015-8521

[8] https://www.forbes.com/sites/michaelkanellos/2016/03/03/152000-smart-devices-every-minute-in-2025-idc-outlines-the-future-of-smart-things/

[9] https://www.computerweekly.com/news/2240176248/GE-uses-big-data-to-power-machine-services-business

El caso es que esta fiebre por conectar tostadoras por parte de *makers*[10], universidades, centros de investigación y de innovación de grandes empresas llegó a las ciudades. Y es que, si se trata de optimizar nuestro planeta a través de la captura de datos, parece que las ciudades son un buen punto para comenzar. En ellas se encuentra la mayor parte de la población mundial (se estima que el 70 % para 2050), se consume el 80 % de la energía, el 75 % de las materias primas y se genera el 75 % de las emisiones de CO_2. Así que de pronto, a principios de los 2010 más o menos, la fiebre de conectar cosas a Internet llegó a las áreas de tecnología de los ayuntamientos con el incentivo de numerosos fondos europeos que invitaban a experimentar con la tecnología.

Uno de los proyectos más icónicos del momento recaló en España, en la ciudad de Santander. A lo largo de tres años se desplegaron 20.000 sensores conectados a Internet con el ambicioso objetivo de demostrar la mayor variedad

---

[10] El término *maker* es un anglicismo que hace referencia a las personas que inventan o crean cosas, ya sea con artesanía o con tecnología. En la década de 2010 el movimiento *maker*, entendido como cultura o filosofía de intentar crear cosas con lo que se tiene disponible en lugar de comprarlas ya fabricadas, estaba en pleno auge. Parte de ese crecimiento se debía a la expansión de *fablabs* o *makerspaces*, centros abiertos al público a los que se puede acudir para utilizar las herramientas necesarias como fresadoras, cortadoras láser, impresoras 3D, máquinas CNC o *kits* de electrónica que de otra forma sólo podrían encontrarse en la industria. Estos espacios fomentan la colaboración y creación de comunidades de creadores y el intercambio de conocimientos, muchas veces a través de talleres de programación, costura, electrónica, diseño, carpintería o cualquier otra disciplina que sea manual. También contribuyó al crecimiento del movimiento la aparición de plataformas de *crowdfunding* como Kickstarter, de las que ya hemos hablado con anterioridad y que permitían que los *makers* exhibieran sus prototipos para recaudar financiación y llevarlos al siguiente nivel.

de nuevos servicios que la tecnología podía traer a la ciudad en las áreas de movilidad urbana, gestión del agua, recogida de residuos y eficiencia energética. Al término del proyecto se había conseguido la no despreciable tarea de probar tecnología de múltiples empresas —entre ellas también Libelium— en un entorno real, acumular un aprendizaje incalculable tanto para las *start-ups* que participaron como para otras ciudades y, me atrevo a decir, hasta visibilidad como marca España al asociarnos a nivel internacional con un proyecto tecnológico de semejante calado.

El problema es que una vez solventados los retos tecnológicos, que son los iniciales, vinieron más preguntas para las que no había respuesta como ¿y dónde estará el presupuesto de mantenimiento de la red de sensores cuando se acabe la financiación europea? O, ¿cómo va a cuantificarse el beneficio real que reciben los ciudadanos por el proyecto? Jennifer Belissent, analista de Forrester (empresa especializada en el asesoramiento sobre tecnología, transformación digital e innovación), quiso ser tan exhaustiva en estos argumentos que traspasó la línea entre el sentido crítico y la mala leche —o el cuñadismo, no lo tengo claro— al cuestionar en un artículo si un país con una tasa de paro juvenil tan elevada, como entonces España, no debería plantearse emplear a personas en regar los parques y jardines de la ciudad manualmente en lugar de buscar soluciones automatizadas[11]. Pues no sé, Jennifer, yo te diría que ahorrar entre un 20 % y un 60 % de un recurso tan necesario y escaso como el agua merece la pena y justifica el uso de la tecnología.

La pieza clave que hay entre el IoT —capturar datos de manera masiva del entorno o las cosas y enviarlo a Inter-

---

[11] https://www.forrester.com/blogs/13-10-28-smart_city_santander_proven_technology_uncertain_business_models/

net—, y el ahorro de entre un 20 % y un 60 % de agua al regar, se llama inteligencia artificial. Los sistemas de riego tradicionales se basan en abrir una válvula para dejar pasar el agua; esto puede hacerse en función de la voluntad de una persona que decide cuándo y durante cuánto tiempo, con el problema de que siempre tiene que haber supervisión humana, o con un programador que lo hace automáticamente todos los días durante el mismo número de minutos, aunque ese día esté lloviendo a cántaros. Naturalmente, si regamos en exceso en un momento en el que la tierra no puede absorber más agua, esta se pierde. Si lo hacemos en un momento en el que la temperatura ambiente es excesivamente alta, un porcentaje significativo de las gotitas de agua que salen del aspersor se evaporan antes de tocar siquiera la tierra. Y, además de regar en el momento óptimo desde el punto de vista ambiental, también hay que hacerlo desde el de la infraestructura de agua, eligiendo un momento en el que tenga la suficiente presión. Gracias a los sensores IoT no sólo podemos saber todo esto, sino que además podemos tener la información en diferentes puntos del campo o jardín. Ahora bien, si sólo mostramos la información, nos quedamos en la versión manual del riego tradicional en la que sustituimos que la persona decida mientras supervisa la tierra por una persona mirando una pantalla. El paso extra de convertir todos esos datos en información útil, y consejos que puedan incluso usarse para abrir automáticamente las válvulas de riego, es la inteligencia artificial.

La inteligencia artificial es básicamente enseñar a los ordenadores a pensar y aprender como las personas para que, aprovechando su alta capacidad de procesamiento de datos, puedan extraer conclusiones de una forma mucho más rápida que las personas. Siguiendo con el ejemplo del riego inteligente, el papel de la inteligencia artificial consistiría en analizar todos los datos capturados, como humedad de tierra, porcentaje de evapotranspiración, temperatura ambiental y de la tierra, e inferir a través de ellos cuándo será el momento óptimo para regar con mayor aprovechamiento, tanto por necesidades de la planta como por maximización del agua que llegará a la tierra sin evaporarse.

El tándem IoT más inteligencia artificial, que a veces se representa como AIoT (por las siglas en inglés de *Artificial Intelligence* más *Internet of Things*) puede considerarse como una segunda etapa dentro del desarrollo de esta Revolución Industrial, ya que enriquece los casos de uso en los que puede aplicarse. Pensemos, por ejemplo, en un sistema de aparcamiento inteligente formado por sensores enterrados en el asfalto que transmiten su estado (con coche encima / sin coche encima) a través de Internet. Si únicamente utilizamos la información de los sensores para publicarla en tiempo real en una web de acceso a los ciudadanos, ya estaremos reduciendo el estrés de la ciudadanía cada vez que busquen aparcamiento con el consiguiente ahorro de combustible y emisiones de CO_2 a la atmósfera. Sin embargo, si almacenamos todos los datos de ocupación de una determinada área de aparcamiento y utilizamos inteligencia artificial para analizar tendencias, no sólo accederemos a la información del presente sino que podremos llegar a predecir el nivel de ocupación en el futuro y anticipar decisiones. ¿En qué se traduce esto para los conductores? En que en el primer caso usarían la aplicación para saber dónde hay un sitio libre para aparcar —si es que lo hay—, mientras que en el segundo podrían ir un paso más allá y determinar cuándo es el momento adecuado para iniciar el trayecto a un lugar e incluso elegir otro medio de transporte más rápido. Por otra parte, el ayuntamiento podría establecer una tarifa dinámica en función de la congestión de las diferentes áreas de la ciudad dependiendo de si se quiere incrementar la rotación de plazas de aparcamiento o maximizar los ingresos de las zonas de aparcamiento de pago.

A estas alturas creo que ya lo tienes claro. El IoT va de que Internet sea capaz de sentir a través de sensores. Sensores que nos ayudan a encontrar aparcamiento y ahorrar agua en nuestras ciudades. Sensores que detectan si hay incendios forestales y si los koalas se estresan o no. Sensores que controlan la calidad de agua en la que viven los pececillos y alertan a las autoridades si hay una crecida. Sensores en volcanes y en el espacio. Estas y muchas otras aplicaciones de IoT son responsables de que ahora tengamos zettabytes.

Seguro que lo has notado, hay una cosa especial en todas ellas y es que ninguna recoge datos de carácter personal. Con frecuencia, cuando se menciona el término IoT, muchos lo asocian con los electrodomésticos o *wearables* que nos «espían», olvidándose de que hay un sinfín de aplicaciones que nos facilitan la vida sin invadirla. En el capítulo anterior ya hablamos de que la tecnología es neutra y en estos ejemplos has visto cómo hablar de hacer acopio de datos no siempre implica vigilancia de nuestras acciones o deseos.

Sin embargo, yo soy de ver el vaso medio lleno. Y aunque digo que la tecnología tiene un aspecto neutro, también creo que las posibilidades que nos abre a veces nos inspiran y nos empoderan. En la siguiente historia te cuento por qué.

UN TSUNAMI DE DATOS CIUDADANOS

El 11 de marzo de 2011 un terremoto submarino de magnitud 9.0 golpeó la costa noreste de Japón. El terremoto dio paso a un tsunami con olas de hasta cuarenta metros que superó las defensas de la planta nuclear Fukushima Daiichi, causando el peor desastre nuclear de la historia desde el de Chernobil, en 1986.

Murieron más de 18.000 personas a causa del tsunami, el desastre nuclear provocó el desplazamiento de las más de 150.000 personas que vivían en los veinte kilómetros a la redonda de la central, que hubo que evacuar; las pérdidas económicas se cifraron en trillones de yenes y se produjeron importantes daños ambientales por la radiación liberada al aire y al océano[12]. Doce años después, todavía se siente la desgracia y el terror en la zona, que según científicos y autoridades tardará cuarenta años en poder recuperarse.

Vivas donde vivas, esta es la clase de noticias que te dejan sin respiración por unos instantes y te introducen en un estado de *shock* que te acompaña varios días. También es la clase de sucesos que los espacios informativos exprimen durante días, repitiendo lo mismo en busca de nuevos detalles, aunque sean nimios. Fue en una de estas noticias colaterales en las que leí que un grupo de científicos había detectado en San Diego (California) partículas radioactivas en la atmósfera procedentes probablemente de Fukushima[13]. La proporción, aunque notablemente superior a la detectada en un día normal, seguía siendo demasiado baja como para afectar a la vida humana. Sin embargo, fue más que suficiente para que algunas empresas en la zona se quedaran sin existencias de píldoras de yoduro de potasio, las cuales ayudan a prevenir la absorción de radiación. San Diego está a 8.800 kilómetros de la planta nuclear de Fukushima Daiichi, en la que definieron una zona de exclusión de tan sólo veinte. Vaya por delante que, como la inmensa mayoría de las personas, yo no tengo ni idea de física nuclear, pero estas cosas te dan para pensar; si personas que estaban prácticamente al otro lado del mundo

---

12 https://www.bbc.com/news/world-asia-56252695

13 https://www.science.org/content/article/fukushima-reactor-damage-picked-california-winds

tenían miedo de la radiación, ¿cómo estarían las que se encontraban justo ahí, en el kilómetro, digamos, 25?

Cuando mezclamos un tema extremadamente peligroso, como una catástrofe nuclear —cuya evolución al mismo tiempo es prácticamente imposible de entender por la inmensa mayoría de los afectados—, con el frenesí mediático, que produce noticias como la de San Diego y la actividad en redes sociales en las que cualquiera puede publicar cualquier cosa, tenemos el caldo de cultivo perfecto para la sensación de desinformación. Y digo «sensación de desinformación», y no noticias falsas o *fake news*, porque son dos cosas diferentes. La sensación de desinformación es totalmente interna y surge de nuestros miedos y nuestras dudas al reflexionar sobre un tema que nos afecta. ¿Será verdad lo que estoy leyendo? ¿Nos estarán contando toda la verdad? ¿Cómo podría contrastar la información que leo? ¿Son unos exagerados en San Diego? Las *fake news* son la respuesta de las personas que aprovechan esta sensación de desinformación en beneficio propio, pero de eso hablaremos más adelante.

¿Y qué podía ayudar a las personas a combatir esa sensación de desinformación en el contexto de la desgracia nuclear de Fukushima Daiichi?: obtener sus propios datos. ¿Fácil, no? El problema es que para medir radiación se necesita un contador Geiger. Hoy, en 2024, vivimos una democratización de los dispositivos electrónicos nunca vista. Cualquiera puede abrir Amazon o AliExpress y su único problema es elegir con cuál de todos los medidores que allí aparecen, a precios más que asumibles para el consumidor final, quedarse. Es más, es posible que en el momento que has leído «necesita un contador Geiger» hayas sacado el móvil y te hayas puesto a buscar. Sin embargo, hace doce años esto no era tan sencillo. Es cierto que desde los años noventa este tipo de dispositivos, antes reservados sólo para entornos científicos y de investigación, podían encontrarse para el público general, pero desde luego hacerse con uno no era tan sencillo como elegir modelo y pedirlo a domicilio.

Así que pensando en hacer la medición de radiación algo más accesible, en Libelium, nos pusimos manos a la obra. Lo hicimos con la filosofía colaborativa y *maker* que imperaba en aquel momento y desde el punto de vista del IoT, lo que implicaba que debía estar conectado, algo que, para medir radiación, viene bastante bien. El resultado[14] fue una tarjeta electrónica con los componentes al aire, desarrollada por nuestro equipo de ingeniería en tan sólo tres semanas apoyándose en los consejos sobre cómo elegir e integrar sensores de radiación que la comunidad nos aportó a través de una entrada en un foro en el que publicamos lo que queríamos hacer. El dispositivo no podía considerarse ni mucho menos final, entendido como que no estaba preparado para que *cualquiera* pudiera usarlo sino orientado a *makers* con ciertos conocimientos mínimos de electrónica. A cambio, era totalmente autónomo gracias a su conexión inalámbrica y a que podía funcionar durante largos períodos con baterías, algo que nos parecía crucial para poder operar como un dispositivo que se abandonara en campo y transmitiese desde su posición sin necesidad de intervención humana. También era totalmente accesible: los esquemáticos o «planos» del dispositivo se publicaron como *open hardware*, permitiendo que cualquier persona pudiera descargárselos y fabricarlo, al igual que el código fuente, que se publicó bajo licencia de código abierto. Para que las personas que no tenían a su disposición la fabricación y compra de componentes electrónicos pudieran adquirirlo, se fijó un precio muy acotado. Las primeras uni-

[14] https://www.libelium.com/libeliumworld/wireless_sensor_networks_to_control_radiation_levels_geiger_counters/

dades se mandaron sin ningún coste al Tokyo Hackerspace para ser distribuidas desde allí. Y hasta aquí nuestra minúscula acción de responsabilidad social corporativa, que algunos incluso consideraron activismo[15].

Pero lo realmente importante no es que entidades como nosotros se lanzaran a crear dispositivos de bajo coste para democratizar la medición de radiación, sino qué hicieron las personas con los datos que recibían. De pronto, surgieron varias iniciativas[16] que publicaban en la plataforma abierta Pachube (algo parecido a Google Maps) los datos que iban recolectando. De esta forma, empezaron a crecer mapas de radiación independientes de Gobiernos y empresas, mantenidos exclusivamente por la ciudadanía. Una iniciativa así permitía que las personas pudieran recuperar cierto control ante la sensación de desinformación que podían sentir al poder contrastar los datos «comunitarios» con los publicados por fuentes oficiales. Podemos pensar en el funcionamiento de estos mapas como en el de Wikipedia, una enciclopedia colaborativa en la que cualquier persona registrada puede editar y corregir. Del mismo modo, si alguien detectaba un dato espurio en un punto, este podía contrastarse con las mediciones que hubiera en los puntos adyacentes.

El hecho de que, ante una catástrofe como la de Fukushima, el acceso a la tecnología y el contexto colaborativo que anteriormente he descrito empoderase a las personas para que se produjesen iniciativas de *crowd data sharing*[17] como la

[15] https://blog.arduino.cc/2011/04/15/libeliums-new-geiger-counter/

[16] https://spectrum.ieee.org/radiation-monitoring-in-japan-goes-diy

[17] El *crowd data sharing* es el anglicismo con el que se conoce el intercambio de datos colaborativos que consiste en la práctica de recopilar, compartir y utilizar datos que son aportados por un gran número de individuos, a menudo del público en general, a través de plataformas en línea o esfuerzos colaborativos.

que acabas de leer, es todavía para mí, doce años después, la historia más potente e inspiradora que conozco relacionada con el IoT y las *smart cities* o ciudades inteligentes. Y no por el reto técnico ni ejecutivo que supuso, sino porque nos muestra la mejor cara de la tecnología en general, que siempre se desarrolla por y para las personas y, del IoT en particular, pues son los datos generados los que empoderan a las personas y pueden aportar una mayor transparencia a nuestra sociedad.

Dame datos… ¡pero buenos!

Los cocineros dicen que para hacer un buen plato hay que contar con una buena materia prima; vamos, que para hacer un buen solomillo Wellington hay que empezar teniendo una buena carne con la que trabajar. Con el IoT y la inteligencia artificial nos pasa lo mismo: si usamos datos de mala calidad las conclusiones que sacaremos de ellos serán igual de malas. No olvidemos que es inteligencia artificial, no «milagrosa».

Por lo tanto, si queremos crear un sistema de aparcamiento predictivo en base a una red de sensores, necesitaremos tener en cuenta los siguientes aspectos para asegurar que alimentamos nuestro modelo con datos de calidad. En primer lugar, los sensores que usemos para detectar si hay o no un coche aparcado deben acertar siempre o la inmensa mayoría de las veces, es decir, deben ser *precisos*. Además, los sensores deben funcionar siempre «igual de bien». No nos sirve que unos días tengan una tasa de acierto diferente a la de otros o que el sistema a veces transmita los datos y otras no; necesitamos que sean *confiables*. Como además queremos entrenar un modelo de inteligencia artificial, tendremos que darle un conjunto de datos del funcionamiento del sistema durante un período representativo (*volumen de datos adecuado*); si queremos un sistema que haga predicciones para todos los días del año, no nos vale sólo con los datos de los fines de semana aunque sean de los últimos diez años, ni con los diarios de los meses más turísticos, y tampoco nos sirven los datos de todo un año de funcionamiento si provienen de la calle menos transitada del área que estamos midiendo. También es bueno *limpiar* el conjunto de datos eliminando aquellos que puedan resultar ruidosos, como por ejemplo un día que excepcionalmente se cerró la zona por un evento deportivo. Y, por supuesto, es vital tener una buena *frecuencia de actualización* de los datos para seguir realimentando el sistema y reflejar los cambios en la disponibilidad de aparcamientos libres que produce la apertura de un restaurante de moda o el cierre de una guardería. Cuando tengamos nuestro sistema en marcha y estemos ofreciendo predicciones de disponibilidad de aparcamiento a los conductores tendremos que asegurar una *consistencia temporal* y mostrar los datos en el momento oportuno, no las predicciones de hace dos horas.

Dentro de la calidad del dato hay otro aspecto necesario, pero no suficiente: la *integridad* del mismo, que consiste en asegurar que una vez que un sensor da un resultado como «libre» nadie lo altere y lo cambie por «ocupado». Para garantizarlo, hoy en día contamos con la tecnología *blockchain*, que muy resumidamente se puede explicar como un sistema descentralizado en el que los datos se guardan en múltiples sitios a la vez. Es posible que alguien malintencionado pueda modificar *uno* de esos sitios, pero es imposible que pueda modificarlo en *todos* al mismo tiempo.

Cuando estoy en una sala con varias personas y quiero explicarles qué es esto del *blockchain* les pido que digan de qué color es algún objeto o prenda de ropa. Lo primero que pasa es que descubrimos, entre risas, quiénes ven en

256 colores y quiénes sólo en 16, pero cuando logramos recuperar la seriedad y acordamos que la silla señalada es, por ejemplo, «verde», les propongo que cada uno lo escriba en un papel; luego pasaremos todos por una notaría en la que después de comprobar que el papelito efectivamente contiene el nombre del color que hemos acordado, lo meterán en una caja fuerte, una por asistente, que luego cada cual se llevará consigo. Digamos que al cabo de seis meses necesitamos recuperar ese dato para comprar otra silla del mismo color que la anterior. Aunque alguno haya perdido su caja fuerte o se la hayan robado, o aunque alguien gracioso la abriera en su casa para cambiar el papelito por uno que diga «amarillo limón», la realidad es que habrá suficientes papelitos que dejen claro que la silla era «verde». La integridad del dato se ha mantenido, pero ahora te pregunto: si te enseño un catálogo de sillas, ¿sabrías identificar cuál es la del mismo «verde» que la que queremos volver a comprar? Difícil, ¿verdad? Si los datos que producimos no son precisos, todo lo demás da igual porque no podremos tomar decisiones acertadas basadas en ellos. Y si los datos con los que entrenamos los sistemas de inteligencia artificial no están actualizados o son incompletos, tampoco podremos confiar en sus respuestas.

Por ejemplo, tras la victoria en el Mundial de 2023 de la selección femenina de fútbol española, le pedí a ChatGPT un listado de grandes futbolistas y me devolvió un listado con 20 nombres... de varón. Probé suerte de nuevo, siendo esta vez más específica al preguntar por «grandes mujeres futbolistas» y entonces sí, conseguí un listado con 10 nombres —aún me pregunto por qué en un caso el algoritmo considera que el listado debe tener una extensión doble que en el otro, cuando en ningún caso lo acoté yo— en el que no había ninguna española. ¿Raro, no? Retomaremos los aspectos de ética y sesgo de este ejemplo en otro capítulo; por el momento quédate con la parte más aséptica del tema, porque cuando nuestras guerreras ganaron el Mundial, en agosto de 2023, todavía quedaba un mes para que ChatGTP pudiera conectarse a Internet, y la información entonces disponible era de septiembre de 2021. Pero imagina a una periodista perezosa, despistada y que nunca ha seguido el fútbol que, ante el agobio de tener que escribir hubiera sido un artículo sobre las mejores futbolistas, delegase en la herramienta de inteligencia artificial la redacción del texto. En ese caso es muy posible que el resultado no sea todo lo preciso o, incluso, justo que debiera.

Abrir los datos no basta para ser transparente

A principios de los 2000 algunas ciudades desarrollaron la creencia de que, ante la abundancia de datos digitales que empezaban a acumular, estos deberían estar disponibles para el beneficio de la sociedad. Para ello, los datos seleccionados deberían estar disponibles públicamente y de manera accesible para que cualquier persona pudiera utilizarlos, compartirlos y reutilizarlos. Las ciudades que se sumaban a la implantación del *open data* ('datos abiertos') pretendían fomentar la transparencia, la participación ciudadana y también la innovación. La ciudad de Nueva York, por ejemplo, promocionó su portal de Open Data[18] con una competición llamada NYC Big Apps en la que se animaba a toda la ciudadanía a resolver los grandes retos que afrontaba la ciudad utilizando, de manera original, los datos de los que ya disponían.

Para que un conjunto de datos pueda considerarse «abierto» y sirva a esos objetivos de mejorar la transparen-

[18] https://opendata.cityofnewyork.us

cia y fomentar la innovación debe cumplir con una serie de principios, como que estén disponibles en línea y sean fácilmente accesibles por cualquier persona sin discriminación alguna. Además, deben ser legibles, comprensibles y estar actualizados porque, si no, no sirven para nada. Hace años un miembro del W3C, especialista en *open data*, me contó que solía salir a correr por su ciudad. Cierto día notó que el aire estaba más cargado de lo normal. Recordó que en la zona había una estación de referencia de calidad del aire y, dado que su ciudad presumía de ser una de las pioneras en datos abiertos, decidió buscar los datos en el portal de Open Data. Encontrarlos fue sencillo, entenderlos... ya no tanto. Ahí tenía una cronología con las partículas por billón de diferentes gases, pero no tenía ni la menor idea de cómo inferir si la calidad del aire en su zona era «buena», «mala» o «regular». Al final, con una curiosidad ya más profesional que ciudadana, consiguió resolver el rompecabezas leyendo varias directivas europeas y diferentes artículos sobre calidad de aire para concluir que, efectivamente, varios parámetros estaban fuera de los niveles considerados óptimos. Los datos a los que él había accedido eran públicos, fáciles de encontrar y legibles, pero les faltaba todo el contexto para que pudieran ser comprensibles. Si pensamos que la práctica del *open data* debe potenciar más la transparencia en las instituciones, en vez de un listado con marcas temporales y valores, lo suyo hubiera sido ponerlos en una gráfica para poder observar su evolución a lo largo de los días y unas líneas que nos indicasen los límites en los que deberían estar los valores. Para ser transparentes no sólo hay que cumplir con lo básico, hay que poner intención. Es como en la peli *Aguas oscuras*, en la que Mark Ruffalo interpreta a un abogado medioambiental que investiga un potencial vertido químico de la empresa DuPont. En un momento de la trama, Ruffalo le pide a DuPont unos registros sobre los controles sanitarios que realizan en la planta de producción. El caso es que después de mucho insistir por un lado y muchas largas por el otro, un día los de la empresa deciden pasar de la opacidad por inexistencia de la información a la opacidad por exceso de la misma y le mandan un camión lleno de cajas sin etiquetar rebosando papeles. El mensaje es que no hay nada que ocultar, puede leer y consultar lo que quiera, pero el mensaje silencioso es que sin los medios para interpretar toda esa información jamás encontrará lo que busca, aunque lo tenga en sus manos. Eso no es transparencia, es translucidez.

El ingeniero y activista Jaime Gómez-Obregón[19] lleva años exponiendo este tipo de prácticas en las instituciones españolas. Con un particular humor y un tono muy didáctico cuestiona el tedioso proceso de acceso a las resoluciones judiciales[20] e incluso se atreve a rediseñar[21] el BOE para que su lectura sea interactiva y no un engorro, pero sobre todo que sea útil. Cuando consigue descargar los datos de forma masiva, crea portales alternativos más usables, como hizo en Cantabria, donde cruzó la información de 25.000 adjudicaciones de contratos públicos con las listas electorales[22].

Otro de los principios vinculados al *open data* es que los datos deben publicarse libres de restricciones de uso para que se puedan incluir en otras aplicaciones, ya sean comerciales o no comerciales. Para ello, idealmente deben ser compatibles con estándares para que su integración en otras aplicaciones sea sencilla.

---

19 https://jaime.gomezobregon.com

20 https://jaime.gomezobregon.com/del-limitado-acceso-a-las-resoluciones-judiciales

21 https://superboe.es

22 https://jaime.gomezobregon.com/la-chanchullopedia

El departamento de policía del distrito de Columbia (EE. UU.) empezó a publicar los datos de los crímenes cometidos por dirección. Inicialmente publicaban la macabra tabla en formato PDF, sin más. Alguien pensó que, dado que los datos hacían referencia a posiciones, lo más lógico era traducir esa lista en un mapa navegable que mostrase los crímenes zona por zona, ya sabes, por si sentías algo de curiosidad. El mero hecho de hacer accesible la información de una forma fácil de usar ya servía para diferentes aplicaciones. Por ejemplo, las compañías de seguros podrían emitir sus primas por robo en función del índice de delincuencia con una granularidad de calle. Los portales de búsqueda de vivienda podían incorporar los datos en sus mapas de búsqueda de vivienda como información extra para los potenciales compradores. Sin embargo, siempre hay gente que te sorprende por su creatividad, como es el caso de los creadores de la *app* Are You Safe? ('¿Estás seguro?'), que geolocalizaba tu teléfono móvil y cruzaba la información con los datos de criminalidad para devolverte en tiempo real tu índice de amenaza. Incluso te detallaba el número y tipología de crímenes producidos en la zona en la que te encontrabas. Según su página web, que sigue activa (aunque en redes sociales no publican nada desde 2010), esto servía para ayudar a sus usuarios a tomar decisiones como caminar o coger un taxi, evitar zonas conflictivas cuando visitabas una ciudad por primera vez e incluso saber si era conveniente aparcar o no el coche.

A muchas personas, especialmente a las mujeres, al visitar una ciudad por primera vez nos ha pasado que hemos acabado, sin ser conscientes, en alguna zona conflictiva. ¿Sería útil consultar el mapa de forma anticipada para evitar determinados recorridos, aunque sean los más directos? Sin duda. ¿Es útil, si ya estás allí, tener un recordatorio en tu móvil que te muestre tu riesgo incremental de sufrir un ataque? A lo mejor en ese caso vuelves a casa sin la cartera, pero no porque te atraquen, sino porque la pierdes con la crisis de ansiedad que te entra al ver el mensaje. En cualquier caso, al margen de que el ejemplo sea más o menos morboso, me parece que la evolución del uso de los datos ilustra de manera excelente el potencial del *open data*.

En ocasiones, como en el caso de Fukushima que he comentado antes, los portales de datos abiertos son fruto de iniciativas ciudadanas colaborativas con o sin participación de entidades privadas, como en el caso de OpenStreetMaps, que recopila datos geoespaciales de todo el mundo, o el navegador Waze, que se retroalimenta con la información que van actualizando los propios conductores. La dotación de herramientas de sensorización a la ciudadanía, para que esta pueda mantener sus propios portales de datos, puede tener poderosos efectos para poner en el foco situaciones que se deben mejorar. Como en cualquier iniciativa, la calidad del dato es fundamental, pero cuanto más complejo sea el problema que pretendamos mostrar igualmente importante será contar con la opinión de personas expertas en la materia que ayuden a darles contexto. Por ejemplo, en un portal donde la ciudadanía suba fotos geoetiquetadas de pasos de peatones que no sean accesibles, calles donde el servicio de recogida de basuras sea insuficiente o mobiliario urbano que haya sufrido vandalismo, lo más importante será poder acreditar la ubicación y que la situación es actual y no antigua. Sin embargo, en el caso de cuestiones más complejas como el análisis de la calidad de aire, además de contar con sensores de una precisión comparable a la de las estaciones de referencia, es imprescindible aportar un análisis científico sobre los mismos que los legitime. Proyectos como Air Quality Egg, Dustduino o Citizen, que han salido de entornos de comunidad *maker*, han servido para incrementar la concienciación ciudadana sobre los problemas de calidad de aire y partículas en sus ciudades, pero la priorización del bajo coste frente a la calidad de los sensores utilizados, o la falta de opinión profesional medioambiental en el diseño de los mismos, han creado cierto rechazo en la comunidad científica[23].

De la tecnología para generar datos a la que recopila datos

Una cosa que siempre me ha llamado la atención en cómo se ha desarrollado el mercado del IoT es que prácticamente se introdujo en paralelo en los clientes industriales y en los domésticos. Los ordenadores fueron objetos carísimos que sólo justificaban su adquisición si se iban a utilizar en entornos empresariales para aportar un incremento de productividad, al igual que los primeros teléfonos móviles con sus prohibitivas tarifas de datos. Tuvieron que pasar varias décadas hasta que esos objetos se democratizaron e hicieron accesibles de una manera masiva para meterse en nuestras casas. Sin embargo, en el caso del IoT no hablamos de una invención o producto, sino de un concepto de aplicación de la tecnología existente, y eso hizo que empezase a haber sensores por todas partes, tanto dentro como fuera de nuestras casas.

El 1 de abril de 2015 Amazon anunció para Estados Unidos los *dash buttons*, unos pequeños óvalos de plástico conectados pensados para pegarse en cualquier parte, como la nevera. Cada botón tenía la imagen de una marca de detergente, tóner, cápsulas de café, papel higiénico, etc., y enviaba un pedido predefinido a tu cuenta de Amazon

---

[23] https://www.nature.com/articles/517136a

cuando los pulsabas. La idea venía a resolver lo supuestamente difícil y latoso que es mantener o llevar un control del *stock* de ciertos componentes del hogar en los cuales reparamos sólo cuando vamos a usarlos y vemos que se han acabado. Amazon pensó que poner un recordatorio para hacer un nuevo pedido, justo en el lugar donde lo consumimos, y poder procesarlo en el mismo momento en el que sentimos la necesidad, sería tan conveniente para sus compradores como beneficioso para sus ventas. Así, cuando estuvieras fregando los platos y reparases en que estás a punto de quedarte sin detergente podrías tramitar su reposición al instante.

Entonces... ¿tres imanes para el lavavajillas (jabón, sal, abrillantador)? ¿Otros tantos para la lavadora? ¿Cuántos en el baño? Ya nos imaginábamos nuestra casa como una de esas series familiares españolas de los noventa que pusieron de moda el *product placement*, con multitud de escenas de desayuno alrededor de mesas que parecían lineales de supermercado. Pero, al margen del horror estético, había muchas dudas sobre el funcionamiento. ¿Hay que pedir siempre la misma cantidad? ¿Cómo sé si mi marido ya ha hecho pedido esta mañana? ¿Qué pasa si mis hijas juegan a pulsar todos los botones de la casa? ¿Qué pensarán mis vecinos si me llega un palé de papel higiénico y agua embotellada?

La gente ya estaba pensando que a Bezos se le había ido la olla, quizá había contratado a los de Egg Minder —los de los huevos, ¿recuerdas?—, pero entonces alguien cayó en que el anuncio se hacía el día de los Inocentes. Estaba claro, ¡era una broma! Nada más lejos de la realidad. Para empezar, la parte técnica estaba un poco más resuelta de lo que he exagerado antes y sólo se permitía pulsar el botón una vez. Además, había que confirmar el pedido en una aplicación móvil en los treinta segundos inmediatamente posteriores, con lo que los errores estaban controlados. Los botones tenían un precio de 4,99 dólares, que pagabas tú cuando decidías cuáles querías, pero que luego te descontaban de tu primera compra[24]. Vamos, que se convertía en un gasto de promoción del fabricante de detergente, por ejemplo. Además, la idea era cerrar acuerdos para que no hubiera productos competidores. En el caso de los detergentes, era Tide de P&G. Esta exclusividad afianzaba una doble relación de lealtad. Por un lado, si los clientes finales se acostumbraban a que «pedir detergente» era sinónimo de «pedir Tide», por ser la opción más sencilla, estos últimos aumentarían sus ventas y, por otro, Amazon se aseguraba de que los clientes de su base de datos que compraban Tide lo hicieran siempre a través de Amazon. ¿Para qué ir hasta Walmart si puedo pulsar un simple botón?

A principios de 2019 Amazon descontinuó los *dash buttons* en pro de su versión 2.0. Ya no habría múltiples botones por la casa, sino uno solo. Los pedidos ahora aceptaban modificaciones de cantidad, incluso podías especificar en qué dirección recibir cada producto. Y la inconveniencia de confirmar el pedido en el móvil había desaparecido. Esa nueva versión era Alexa, y no sólo optimizaba el proceso anterior sino que abría un nuevo universo para Amazon. Los botones no almacenaban tu voz para «conocerla mejor»; no recopilaban dónde los colocabas ni qué música estabas escuchando cuando hacías un pedido; no realizaban un perfil de tu hogar a fin de personalizar anuncios. Alexa sí.

Este ejemplo ilustra a la perfección la evolución que ha tenido el rol de los datos en el propio IoT: de ser un *medio* para ejecutar u optimizar un proceso a convertirse en el *fin*. Los fabricantes de electrodomésticos habían entendido esto

---

[24] https://d3.harvard.edu/platform-rctom/submission/april-fools-joke-or-dash-buttons-taking-over-your-home/

del IoT como una forma de mejorar sus productos y servicios, por ejemplo, analizando las funcionalidades más usadas en una lavadora o avisándonos de cuándo era más pertinente hacer un mantenimiento preventivo. Incluso como una forma de fidelizar nuestras compras haciendo que nuestra impresora pidiera el tóner por nosotros. Sin embargo, poco a poco se dieron cuenta de que las conversaciones que escuchaban estos objetos eran mucho más interesantes que las que mantenían los fabricantes intentando dar con las necesidades del cliente. La empresa fabricante de Roomba —esos aspiradores autónomos que te limpian la casa mientras tú estás fuera— anunció la venta de los planos de los hogares de sus usuarios, los cuales recopilaba el dispositivo, a otras empresas como Google, Amazon o Apple[25] como una fuente de crecimiento para el negocio. ¡Y tú pensando que era como una mascota que aspiraba! La que se lio con el tema de la privacidad fue tan monumental que pocos días después tuvieron que decir que sólo era una idea y que a lo mejor se habían explicado mal[26].

¿SE NOS ATRAGANTARÁN LOS ZETTABYTES?

Si volvemos a repasar las fechas de las diferentes revoluciones industriales, vemos que entre la primera y la segunda Revolución Industrial pasaron noventa años. Entre la segunda y la tercera casi cien. Pero entre la tercera y la cuarta apenas han pasado cuarenta y dos. Un invento como el teléfono tardó setenta y cinco años en alcanzar los 100 millones

---

25 https://gizmodo.com/roombas-next-big-step-is-selling-maps-of-your-home-to-t-1797187829

26 https://www.theverge.com/2017/7/28/16055590/roomba-wont-sell-data-irobot

de usuarios, mientras que su versión móvil lo logró en apenas quince. Facebook se extendió a ese mismo nivel de usuarios entre su lanzamiento en 2004 y la salida del primer iPhone en 2008, que abrió la era de los teléfonos inteligentes y de una nueva forma de consumir Internet. Desde entonces hemos cambiado la escala y ya no hablamos de años, sino de meses: TikTok batió todos los récords, consiguiendo sus 100 millones de usuarios en nueve meses, algo que parecía insólito… hasta que llegó ChatGPT y lo logró en sólo dos. ¿Pero cómo no voy a sentir que hablo del Pleistoceno cuando me refiero a nuestra forma de vida de hace veinticinco años?

Esta velocidad en la introducción de nuevos paradigmas hace que apenas tengamos tiempo de digerir los cambios que nos aplican. Con frecuencia se habla de la rapidez con la que las empresas adoptan las nuevas tecnologías para mejorar su productividad y eficiencia, pero muy raramente hablamos de la rapidez con la que hemos de hacerlo como sociedad.

¿Podrán todas las personas adaptarse con la misma facilidad? ¿Qué pasará con aquellas que no? ¿Qué nuevos riesgos surgen derivados de las nuevas tecnologías? ¿Está nuestra sociedad preparada para hacerles frente? ¿Hemos de adaptar nuestro sistema educativo? Y, por supuesto, la cuestión no es si tenemos la regulación adecuada o no —que siempre va por detrás de la innovación—, sino si tenemos a personas capacitadas para diseñarla.

Pero no sólo se trata de rapidez a la hora de incorporar los avances tecnológicos en nuestra sociedad, sino de digerir el cambio de paradigma que supone «comprar productos gratis» al hacer uso de las redes sociales. Todos hemos oído eso de que «si el producto es gratis, el producto eres tú». Lo hemos oído, sí, otra cosa es que hayamos interiorizado y comprendido que lo que hacemos es pagarlo con otra moneda que se llama *datos*. De pronto tenemos que preocuparnos por las políticas de privacidad. Hace años no sabíamos de su existencia y ahora las tiene hasta tu aspiradora.

¡Y vaya políticas! Largas, farragosas, imposibles de entender… En un mundo donde estamos a un clic de conseguir cualquier cosa no estamos como para leernos *Macbeth* antes de saber si nos instalamos una aplicación de aparcamiento, así que solemos optar por la opción de «aceptar todo». Visual Capitalist publicó en 2020 una infografía[27] en la que se comparaba la longitud de las políticas de privacidad de algunos de los servicios digitales más populares. Asumiendo que una persona promedio lee a una velocidad de 240 palabras por minuto, necesitas 9 minutos y 42 segundos para leerte la de Instagram (la más breve de todas), si llegas a los 11 minutos podrías leer la de Netflix. Escribir un tuit de 280 caracteres puede llevarte 10 segundos, pero necesitas más de 23 minutos para leer sus términos de uso. Más de media hora hay que invertir para poder usar con conocimiento de causa los servicios de Apple, Zoom, Spotify o TikTok, el cual es bastante explícito con el contenido del que se puede y no se puede hablar en su red. El ganador es Microsoft, que funde en un único texto la política de uso de todos sus productos digitales, resultando en un documento que requiere más de una hora de lectura. Por 8 minutos más te lees… *Macbeth*, que seguro que es mucho más edificante para tu intelecto. Pero no sólo basta con encontrar el tiempo para leer todas las políticas de uso y privacidad de los servicios digitales que consumimos, que según algunas estimaciones llegaría a las 250 horas[28], ¡sino con entenderlas! Son pocas personas

---

[27] https://www.visualcapitalist.com/terms-of-service-visualizing-the-length-of-internet-agreements/

[28] https://theconversation.com/nobody-reads-privacy-policies-heres-how-to-fix-that-81932

las que las abren, pero enseguida desisten al encontrarse con un texto escrito por y para abogados. La necesidad de definir qué es el lenguaje claro ha motivado la publicación de un nuevo estándar, el ISO 24495-1:2023[29]. Y aunque no se ha creado explícitamente para los textos legales, en mi opinión es donde mayor impacto podría tener. En todo el mundo hay miles de millones de usuarios de servicios y aplicaciones digitales, todas con una política de privacidad que ni el 5 % se lee, ya sea por tiempo, interés o capacidad. La redacción de estos documentos, pensados para ser lo más claros y concisos posibles, es una oportunidad de hacer estos servicios y aplicaciones más accesibles, inclusivos y justos. Incluso, en un mundo ideal, nos deberíamos encontrar con etiquetas visuales[30], al estilo de las nutricionales, que nos digan de un simple vistazo el tipo de datos que recopila un dispositivo o servicio, dónde y por cuánto tiempo los almacena y con quién los comparte.

El IoT ha acelerado de forma exponencial la capacidad de generar y recopilar datos del mundo y esto ofrece unas posibilidades infinitas para el desarrollo de la humanidad, al igual que nuevos retos que solventar. Queda mucho camino por recorrer en educación, regulación y alfabetización digital de la sociedad, pero aun así me gustaría que la próxima vez que escuches la palabra *datos* no pienses únicamente en los que recopilan de nosotros los objetos conectados de nuestra casa, sino que pienses también en esos sistemas de riego que ahorran agua por sí mismos, los aparcamientos que nos susurran dónde hay hueco libre o las iniciativas de activismo ciudadano que se alimentan de datos abiertos.

---

[29] https://www.iso.org/standard/78907.html

[30] https://iotsecurityprivacy.org/#home

EN EL SIGUIENTE CAPÍTULO hablaremos de Edward Snowden y de Cambridge Analytica y nos plantearemos si son los Gobiernos los que se aprovechan de las plataformas tecnológicas para vigilarnos o son estas las que tienen el poder de influir en los procesos democráticos.

Veremos cómo paradójicamente un exceso de datos puede suponer menos información. Y también los perjuicios que tiene publicar en abierto grandes cantidades de datos, cuando son de carácter personal.

Enfrentaremos los conceptos de seguridad y conveniencia y veremos dónde queda la privacidad. Nos plantearemos hasta qué punto somos cooperadores de todo este sistema, ya sea consciente o inconscientemente. Tal vez al final del capítulo estés más cerca del «*mindfulness* digital», entendido como la práctica de conciencia plena cuando le damos al botón de ACEPTAR.

CAPÍTULO 3

COOPERADORES ¿INVOLUNTARIOS, NECESARIOS O INCONSCIENTES? ¿PRIVACIDAD?

En mayo de 2013 asistí a un congreso sobre ciudades inteligentes en San José, California, en el que escuché por primera vez hablar del proyecto *Green Button*[1]. La iniciativa, promovida por la Casa Blanca en 2012 e inspirada por el gran auge que experimentaba en aquel momento el concepto de *open data* o datos abiertos, partía de la premisa de que todo aquello que puede medirse puede mejorarse y que, por ello, todo lo que *ya* se está midiendo *es susceptible de* optimizarse. ¿Y dónde se generaban cantidades ingentes de datos que sólo se utilizaban para tasar a sus consumidores? En las compañías suministradoras de energía o agua. Por eso, a alguien se le ocurrió que sería muy buena idea hacer que esos datos fueran accesibles a otras empresas que pudieran proporcionar consejos a los consumidores. Cosas como «Oye, Raquel, con el gasto de consumo extra que supone tu frigorífico podrías irte de vacaciones a las Bahamas. Cámbialo por uno más eficiente y recuperarás la inversión en ocho meses» o «Jorge, es imposible que tu consumo de agua equivalga al de la media de viviendas con el doble de ocupantes que la tuya. Seguro que tienes una fuga, reví-

[1] https://www.greenbuttondata.org

salo». Se generaba una oportunidad de negocio para crear nuevas empresas tecnológicas al tiempo que los consumidores podrían ahorrar dinero y recursos, lo cual redundaría en un planeta más sostenible. Todo esto haría del mundo un lugar mejor y más feliz, porque para eso se creó Silicon Valley, ¿para qué, si no?

Tengo que reconocer que el proyecto me cautivó —y aún lo hace— desde el primer minuto. Lo tenía todo: tecnología, intercambio masivo de datos entre diferentes empresas, aprovechamiento de la información generada en beneficio de los usuarios, innovación en modelos de negocio… Y entonces nos metimos en harina. Para acceder a toda esa cantidad ingente de datos sólo había que *registrarse*. Bueno, registrarse y supongo que prometer que ibas a hacer un buen uso de los mismos, algo al estilo de los formularios que te dan en los aviones antes de aterrizar en otro país donde te preguntan si eres narcotraficante, terrorista o algo así; que digo yo que hace falta estar muy tarado para marcar el cuadradito del sí, ¿no?

Pues eso.

El caso es que en ese momento me asaltó una inquietud. Una punzada que me subía por el estómago hasta que me hizo levantar la mano:

—Pero… en esos datos, hay mucha más información escondida que la relacionada con el consumo energético, ¿no?

El presentador me invitaba a desarrollar la obviedad que acababa de soltar.

—Quiero decir, que con el patrón de consumo de electricidad sabemos muchas más cosas de las personas que viven en esa casa. Sabemos cuándo están y cuándo salen y podemos encontrar patrones de comportamiento. ¿Qué pasaría si alguien usara esa información para encontrar el mejor momento para ir a robar? ¿O para secuestrar a los niños?

Esta vez el ponente tenía una enorme sonrisa en su cara.

—¡Pero si tenemos una europea en la sala! —dijo con toda la educación que le cabía dentro de su condescendencia—. Y, si ese fuera el propósito, ¿no cree usted que habría maneras mucho más sencillas, y sobre todo baratas, de conseguirlo?

Risa general. Fin de la discusión gracias a la pregunta equivocada.

No los culpo. Vivíamos en la edad dorada de las redes sociales, esa en la que nadie hablaba de privacidad, ni de segmentación. Y, hay que reconocerlo, yo hice la pregunta equivocada, aunque tardaría aún meses en darme cuenta de por qué.

Nos vigilan... desde siempre

Entonces, sólo unos pocos días después, un tal Edward Snowden la lio pardísima[2] exponiendo la existencia de algo llamado «programa PRISM». Lo hizo publicando unos documentos que demostraban cómo la Agencia Nacional de Seguridad americana (o NSA por sus siglas en inglés) tenía acceso directo a la información de los usuarios que recopilaban las empresas tecnológicas Microsoft, Skype, YouTube, Yahoo, Google, Facebook, PalTalk, AOL y Apple, todas estadounidenses. El mundo se enfureció, ¿quién se creía el Gobierno americano que era para espiarnos a todos? ¿Acaso era legal la forma en la que la NSA estaba accediendo a esos datos? Angela Merkel, entonces primera ministra de Alemania, se deshizo de su iPhone y se

[2] https://www.theguardian.com/world/2013/jun/23/edward-snowden-nsa-files-timeline

compró una BlackBerry[3] para evitar el uso de tecnología estadounidense (lo que no sabemos es si dejó de usar Google en sus búsquedas de Internet y si se pasó a Linux para no depender de Microsoft como sistema operativo).

Por unos instantes soplaron aires de revolución y cambio, pero entonces, poco a poco, todo empezó a desinflarse a medida que el discurso se centraba en los motivos detrás de esta vigilancia. Gobierno y compañías se defendieron explicando que sólo se accedía a la información de los usuarios que podían ser sospechosos y siempre con fines de protección de la seguridad nacional. Bueno, para ser más exactos, lo primero que declararon las compañías afectadas es que no sabían nada de esto y que jamás violarían la privacidad de sus usuarios de esta forma. Después alguno empezó a hacer memoria y dijo que sí, que algo les sonaba, pero que sólo lo hacían en los casos que la ley les obligaba. Lo de la cooperación a favor de la seguridad nacional fue la versión 3.0 del mensaje. Debieron ser unos días tremendamente «creativos» para los directores de comunicación de estas empresas.

En 2004 Morgan Spurlock lanzó el polémico documental *Super Size Me* en el que se cuestionaba tanto la calidad como la ética de los productos de McDonald's. En él, exponía el deterioro de su salud tras haber estado haciendo tres comidas al día en los establecimientos de la famosa cadena. En mi opinión, la exageración del experimento, tan alejado de la realidad de los clientes habituales de esta cadena, resta valor a lo que el autor pretendía demostrar. No sé tú, pero yo nunca he conocido a nadie que se alimente única y exclusivamente en estos restaurantes y que pudiera sentirse identificado al cien por cien con el protagonista del docu-

---

[3] https://www.bbc.com/news/world-europe-24690055

mental. Aun así, cundió el pánico entre los inversores de McDonald's haciendo que las acciones cayeran desde los 45 dólares a menos de 15[4]. ¿Sabes qué impacto sufrieron las cotizaciones de las empresas afectadas por el escándalo PRISM? Ninguno.

Es decir, que a grandes rasgos el relato de que si la NSA estaba accediendo a toda esa información no era para vigilar a los ciudadanos honrados, sino para encontrar terroristas y evitar otro atentado como el del 11S, cuajó bastante. Y lo hizo, principalmente porque lo de la colaboración entre Gobiernos y empresas de comunicaciones no era nada nuevo, sino que es anterior a la propia creación de Internet. Porque, ¿acaso garantizar la seguridad de millones de personas no justifica el medio para conseguirlo?

Podemos discutir si la existencia de tecnologías avanzadas favorece o incluso acelera la vigilancia de la ciudadanía por parte de los Gobiernos, pero en ningún caso es responsable de ella en sí misma. Si nos remontamos a los orígenes de la Guerra Fría, en los años cuarenta, los Gobiernos entonces ya vieron la utilidad de interceptar los mensajes transmitidos vía telefónica o postal. Tras el escándalo del Watergate, que le costó la presidencia a Nixon en 1974 precisamente por espiar a sus oponentes demócratas en pro de su reelección, se vio por primera vez la necesidad de establecer las reglas de juego para el acopio de datos por parte de las agencias gubernamentales. Sin embargo, esos límites volvieron a expandirse en 1981 cuando Reagan firmó una orden ejecutiva[5] para permitir a las agencias de inteligencia el acceso a las

---

[4] La evaluación de sus cuentas públicas, disponible a través de la Comisión de Bolsa y Valores (SEC) de Estados Unidos, muestra que la caída no tenía nada que ver con la evolución financiera de la compañía, que crecía en ingresos, beneficios y dividendos.

[5] https://www.nsa.gov/Signals-Intelligence/EO-12333/

comunicaciones con y desde Estados Unidos. Y después llegó el brutal y desproporcionado atentado del 11S en 2001 y una amplia mayoría, tanto de demócratas como de republicanos, decidieron que la seguridad estaba por encima de las libertades civiles aprobando la conocida como Ley Patriótica[6], la cual permitió, entre otras cosas, la existencia del programa PRISM.

Tanto la EO 12333 como la USA PATRIOT Act han generado una enorme y continuada controversia sobre el equilibrio justo entre seguridad nacional y libertades civiles. La filtración de los documentos de Snowden reavivó tanto el debate sobre las críticas y preocupaciones en torno a la USA PATRIOT Act que, tras su expiración en 2015, fue sustituida y suavizada en algunos puntos como el del almacenamiento de datos por la USA FREEDOM Act (otro acrónimo[7], que equivaldría a 'Ley para unir y fortalecer Estados Unidos mediante el cumplimiento de derechos y asegurando una disciplina efectiva sobre la monitorización').

Si creo relevante repasar estos hitos en la legislación estadounidense relativa a vigilancia es porque, en lo que a comunicaciones digitales se refiere, nos afectan prácticamente a todo el planeta. No sólo porque las principales empresas tecnológicas tengan su sede allí, sino porque es en su territorio donde se encuentra la mayor infraestructura de cables de fibra del mundo. La información digital no fluye por el camino físico más rápido y directo, sino por el más

---

[6] En inglés, *USA PATRIOT* Act, acrónimo de *Uniting and Strengthening America by Providing Appropriate Tools Required to Intercept and Obstruct Terrorism* (es decir, 'Ley para unir y fortalecer Estados Unidos proveyendo las herramientas apropiadas, requeridas para impedir y obstaculizar el terrorismo').

[7] En inglés, *Uniting and Strengthening America by Fulfilling Rights and Ensuring Effective Discipline Over Monitoring.*

barato, así que si estás haciendo una videoconferencia con Singapur desde Zaragoza es posible que ese tráfico de red también esté pasando por Estados Unidos... y, por supuesto, sujeto a sus leyes.

Seguramente ahora mismo te estés preguntando con preocupación si entonces Europa no pinta nada. Tampoco es eso. El Tribunal de Justicia de la Unión Europea ha derogado varios acuerdos existentes entre Estados Unidos y Europa precisamente por no aceptar la posibilidad de que los datos de la ciudadanía europea que se transfieran a dicho país estén accesibles de forma ilimitada para las autoridades y agencias de inteligencia estadounidenses. Como suele pasar con la regulación en el sector tecnológico, el verdadero reto está en entender todas las implicaciones tanto legales como competitivas que esta tiene en el mercado y/o países a los que pretende proteger. Por ello, el marco de privacidad entre Estados Unidos y Europa ha ido evolucionando a lo largo de los años y, tras muchas idas y venidas, el 10 de julio de 2023 se firmó finalmente el acuerdo definitivo[8].

Es por tu seguridad

Pero volvamos al meollo del asunto. A finales de 2014 era yo la que estaba sobre un escenario, esta vez dando una breve charla en Barcelona. Había pasado más de un año desde que Snowden filtró todo aquello del programa PRISM y yo tenía curiosidad por hacer una prueba con el público. Llevaba una diapositiva con varios recortes de noticias relacionadas con el tema.

---

[8] https://ec.europa.eu/commission/presscorner/detail/en/ip_23_3721

—¿Os acordáis de esto? —pregunté a la audiencia.

Algunos parecieron hacer un esfuerzo en enfocar sus recuerdos, pero, en general, el público venía del sector tecnológico y sabían perfectamente de qué estábamos hablando.

—¿Cuántos de los aquí presentes os enfadasteis cuando leísteis estas noticias?

Prácticamente todo el mundo levantó su mano. Es obvio, a nadie le gusta que le digan que le han estado espiando.

—Y entonces —proseguí—, ¿cuántos de los que estáis aquí cancelasteis vuestras cuentas en redes sociales, cambiasteis de servidor de correo o, en definitiva, os rebelasteis contra las empresas que estaban recolectando y facilitando estos datos?

¿Quieres tomarte un segundo y apostar a ver si aciertas con la respuesta?

Bien, sólo una persona levantó la mano. He hecho la misma pregunta a más de mil personas en diversos foros y conferencias y en todo este tiempo sólo he encontrado a cuatro que levantaran su mano. Cuatro personas en diez años. Cinco, contando a la señora Merkel.

Si tú te encuentras en ese grupo de personas ultraconcienciadas con la privacidad, enhorabuena, perteneces a un club verdaderamente selecto. Y si no, no te fustigues demasiado. Te confieso que yo tampoco hice nada en aquel momento, más allá de un montón de preguntas a las que he dado vueltas en los últimos años.

No sé si has oído alguna vez eso de que cuando alguien señala la luna sólo el necio mira el dedo... Yo creo que en este caso o nos equivocamos de luna o deberíamos haber mirado el dedo. Todo el debate relacionado con la filtración de Snowden se centró en la vigilancia que se ejercía usando *cierta información*. Y cuando el debate es ese, y además lo relacionamos con la seguridad, todos somos más proclives a hacer concesiones. A fin de cuentas, *todos* aceptamos la molestia de pasar el mismo control en los aeropuertos a fin de que *nadie* pueda subir un arma a bordo.

Lo siguiente que las personas normales y corrientes solemos decir es que tenemos una vida de lo más anodina y que no tenemos nada que esconder. Que si hay alguien escuchando cuando le recordamos a nuestra pareja que antes de recoger a las peques del kárate se pase por el supermercado a comprar yogures, pero de los que no llevan trocitos, que si no Martita no se los come, pues oye, en el pecado ya lleva la penitencia.

Cuando todo esto que relato parece más que digerido y superado por parte de los consumidores, en septiembre de 2023 un estudio de la fundación Mozilla[9] sobre el abuso que ejercen veinticinco fabricantes de automóviles en la recopilación de datos de sus usuarios. Has leído bien, he dicho «abuso» por tres razones:

1. Desconocimiento. La mayoría de los conductores no son conscientes de que sus coches (ya sean comprados o alquilados) recopilan datos. Hemos usado nuestros vehículos durante décadas y pensar que su política de privacidad debería ser un factor decisivo de compra como el motor (si es diésel, gasolina o eléctrico) o incluso el color, simplemente está fuera de nuestros esquemas mentales. Pero no es nuestra culpa, no es que seamos perezosas y marquemos el botón de «he leído y acepto» sin leer ni pensar, es que ninguno de los fabricantes del estudio ofrece siquiera una advertencia sobre la existencia de la política de privacidad de su vehículo.

---

[9] https://foundation.mozilla.org/es/privacynotincluded/articles/its-official-cars-are-the-worst-product-category-we-have-ever-reviewed-for-privacy/

2. Son muchos datos. Los datos recopilados van más allá de la forma de interactuar con el vehículo o tipo de conducción. Al conectarse con aplicaciones de terceros instaladas en tu *smartphone* pueden acceder a tus preferencias musicales, itinerarios, así como información médica, genética e incluso sexual (en serio). Existe el caso de algunos trabajadores de Tesla que han movido imágenes captadas por estas cámaras en chats privados con la única finalidad de mofarse de lo que hacían las personas en este espacio privado.

3. No te puedes salir. Desactivar todas estas opciones es complicado y ha de hacerse en *pack*. Esto quiere decir que si no te parece bien que el 76 % de las marcas del estudio vendan todos los datos que recopilan sobre ti, tienes que renunciar al paquete entero que supone tener conectividad, como, por ejemplo, tener actualizaciones de seguridad o usar la radio por Internet. Desproporcionado, ¿no? Tesla concluye en su política de privacidad que renunciar a la recopilación de datos podría suponer que «tu vehículo se viera afectado por una reducción de funcionalidades, daños severos e incluso inoperabilidad». Visto así, aceptemos que nuestros momentos íntimos en el coche sean *vox populi* en la compañía, pero por favor que no se nos pare en mitad de la autopista.

Lo mejor, o lo peor, de todo es que el 56 % de las marcas encuestadas declararon que cooperarían con su Gobierno si este les enviara una «petición informal de información». Diez años desde el caso Snowden y el argumento de la seguridad sigue prevaleciendo sobre la privacidad individual.

No pregunteS quién, pregunta por qué

Lo que no nos planteamos es por qué los datos que recopilaban todas esas compañías, con nuestro consentimiento, podían ser tan sumamente interesantes para el Gobierno de los Estados Unidos. O hasta qué punto el uso de aplicaciones y servicios aparentemente inocentes generaba una cantidad de información tal que permitía detectar quién representaba una amenaza y, en su caso, tenerlo localizado. Es decir, el debate se centraba en UN caso de uso de todos esos datos, pero no en QUIÉN ni POR QUÉ se recopilaban. Nos hubiera ido mejor si nos hubiéramos planteado para qué algunas empresas privadas iban a gastarse millones y millones de dólares en mantener una infraestructura dedicada al almacenamiento de tanta información a cambio de ofrecernos servicios digitales totalmente gratuitos.

Por aquel entonces, ya habíamos oído eso de «si el producto es gratis, el producto eres tú», incluso habíamos visto la película de *La red social*, que narra los orígenes de la creación de Facebook. Entendíamos eso de los anuncios personalizados e incluso admirábamos a Mark Zuckerberg por el genio emprendedor que lo convirtió en el milmillonario más joven de la historia. Tampoco era ningún secreto que Google tenía un modelo de negocio basado en publicidad y no es que nos aterrase. La publicidad tampoco se inventó gracias a la tecnología y el hecho de que gracias a ella pudiera personalizarse nos parecía lo más natural y, a veces, hasta pertinente.

Como veíamos en el ejemplo de los fabricantes de automóviles, las redes sociales hacen acopio de datos más y menos evidentes e infieren el resto con bastante precisión. Además de los datos que rellenamos en nuestros perfiles con información como nombre, edad, género profesión o nacionalidad, también recopilan información sobre nuestro tiempo de uso de la aplicación, con qué contenidos reaccionamos, con quién interactuamos, qué nos interesa, qué nos emociona y qué compramos, por nombrar sólo algunos ejemplos.

Y así, mientras la mayoría de las personas no veían más allá de los ángulos de vigilancia o la publicidad segmentada, un tal Alastair MacWillson, que había pertenecido a los servicios de inteligencia británicos, fundó con su mujer la consultora Cambridge Analytica[10] gracias a la aportación de 15 millones de dólares de los donantes republicanos Robert Mercer y Steve Bannon. La empresa se presentaba a sí misma como proveedora de investigaciones de consumo a fin de proporcionar a sus clientes —por ejemplo, periódicos, aseguradoras de automóviles o marcas de ropa de mujer— mayor información del perfil que tenían sus consumidores potenciales. Y como esto de obtener el perfil de un consumidor y definir la comunicación estratégica adecuada para llamar su atención se les daba bastante bien, diversificaron actividades hacia la política porque, ¿qué es un votante sino un consumidor al que venderle una candidatura? A Ted Cruz, Donald Trump o Mauricio Macri les debió de convencer la idea, porque todos ellos contrataron sus servicios en algún momento.

Programas electorales personalizados

Una de las cosas más maravillosas que tenemos las personas es que somos altamente complejas, una suma de edad, género, etnia, nacionalidad, nivel sociocultural, amistades, aficiones, profesión, experiencias vitales y recientes, lazos familiares, valores, ideología política, creencias religiosas... Es relativamente fácil segmentar a las personas de forma binaria con arreglo a un criterio —de fútbol o de conciertos, obrero o patrón, ateos o creyentes, etc.—, pero es mucho

---

[10] https://find-and-update.company-information.service.gov.uk/company/09154503/officers

más complicado predecir cómo se van a comportar ante una votación sólo dividiéndolas en categorías que no se relacionan entre sí. Por ejemplo, no es lo mismo una madre soltera de un barrio deprimido preocupada por la seguridad ciudadana, que un trabajador de las fábricas del Rust Belt[11] o una familia de clase alta que sólo quiere pagar menos impuestos; y, sin embargo, con los mensajes adecuados, todas estas personas aparentemente inconexas pueden acabar votando por el mismo partido político en un momento dado. Lo único que se necesita es hacerle llegar a cada uno el mensaje personalizado que *potencialmente* —luego volveremos sobre esto— quiere recibir, lo cual es el propósito para el que se diseñaron las redes sociales y demás servicios digitales gratuitos en los que el modelo de negocio se basa en la captación de datos de sus usuarios.

Y si Facebook tenía una colección de datos de sus usuarios digna de interesar a los servicios de inteligencia americanos, seguro que era lo bastante completa como para poder elaborar sus perfiles políticos también. Una cantidad ingente de datos que masticar, digerir y analizar que permitiría una precisa segmentación o *microtargeting* de los votantes objetivo. Pero eso *sólo* no es suficiente. No nos basta con obtener un sofisticado modelo del que pudiéramos inferir que las familias con mascotas tienen más en común con las parejas que viajan que con los solteros con mascotas, y eso únicamente cuando la mascota es un perro, porque en el caso de los gatos es justo lo contrario. Ah, y siempre y cuando la familia tenga hijos menores de 10 años,

---

[11] Se conoce por Rust Belt ('cinturón de óxido') o Manufacturing Belt ('cinturón manufacturero') a la región del nordeste y medio oeste de Estados Unidos, antaño fuertemente industrializada, que desde los años setenta ha sufrido un proceso de decadencia económica y consiguiente reducción demográfica, de ahí que esté «oxidado».

si son mayores hay que aplicarles otra categorización. No habría mente humana capaz de organizar semejante carajal con un mínimo sentido; sin embargo, la capacidad de computación y procesamiento de los ordenadores permite que potentes algoritmos sí lo hagan. Aun así, esto es la mitad del trabajo, porque una vez que sabemos lo que cada persona quiere recibir y podemos definir un mensaje personalizado, queda la tarea de hacérselo llegar. Con los medios tradicionales, como mucho podías elegir en qué periódico comprar publicidad, a qué canales de televisión acudir o en qué franja horaria convenía más promocionarse porque podías saber dónde estaban las audiencias más afines o receptivas a nuestro mensaje. Pero por mucho que estos medios puedan tener la segmentación de sus espectadores, sólo pueden dar un mensaje a la vez. En las redes sociales, sin embargo, es justo al contrario. Consumimos hilos de contenido totalmente personalizados a nuestros gustos y estos se van configurando a medida que interactuamos con ellos.

Así que para poder tener una microsegmentación efectiva no sólo necesitamos elaborar precisos perfiles de los consumidores, sino que tenemos que contar con un medio que nos permita hacerle llegar a cada grupo su mensaje personalizado. Las redes sociales funcionan porque existen las redes sociales.

Vuelvo ahora a lo que antes he dicho sobre que las redes sociales te sirven el contenido que *potencialmente* quieres recibir. El propio mecanismo de funcionamiento de los hilos de contenido, que se realimenta, modifica nuestro comportamiento con nuestra colaboración. En un contexto político, si pensamos por ejemplo que hay inseguridad ciudadana y accedemos a contenidos relacionados con ello, el algoritmo interno detectará que «ese tipo de contenido» te interesa y hace que pases más tiempo usando la plataforma. Como consecuencia, comenzará a ofrecerte más y más contenidos relacionados hasta alterar tu percepción de la realidad, aliándose con el sesgo de confirmación que todos tenemos implantado en nuestro cerebro. Puede que en el mundo estén pasando muchas otras cosas, algunas incluso más graves y cerca de ti, pero como construimos la realidad a nuestra medida, no nos daremos cuenta. Si además hay personas que disponen de un perfil de nuestra personalidad y saben qué tendencias pueden atraernos, sólo tienen que tirarnos las primeras miguitas de pan en forma de contenido personalizado y, a medida que vayamos haciendo clic, el algoritmo hará el resto, continuando con su suministro de textos[12] que, poco a poco, irán moldeando —o directamente manipulando, con nuestra cooperación— nuestras creencias. Porque esta forma en la que consumimos el contenido de las redes sociales modifica nuestras creencias con una tendencia a exacerbarlas hacia los extremos. Recuerda, no es que los algoritmos tengan ideología, es que se retroalimentan con lo que les decimos que nos interesa y, sin que nos demos cuenta, alteran *nuestra realidad*. Hay muchos autores que se plantean si en este contexto podemos seguir hablando de libertad de pensamiento. Es decir, ¿pensamos lo que vemos en los hilos de contenido de nuestras redes

---

[12] Me niego a decir que en las redes sociales se consumen noticias. Es posible que a veces redistribuyan contenidos que provienen de medios de comunicación, pero no exclusivamente. Precisamente lo que ha hecho que proliferen las *fake news* o noticias falsas es esta capacidad de poder publicar lo que uno quiera sin ninguna responsabilidad en la verificación de las fuentes alegando que no son los productores del contenido, como si diseñar, programar, mantener y ofrecer la plataforma que lo hace posible fuera una actividad totalmente ajena. Es algo así como si los narcotraficantes dijeran que ellos sólo se encargan de la producción, distribución y comercialización de las drogas, pero que no son responsables de que sus compradores las consuman y se vuelvan adictos.

sociales o vemos en ellas lo que pensamos realmente? ¿Podemos hablar de manipulación, cuando somos nosotros mismos quienes lo hacemos?

Si quieres comprobarlo, te propongo un experimento. La UE aprobó en agosto de 2023 la Ley de Servicios Digitales (DSA)[13] que afecta a las grandes plataformas tecnológicas. Uno de los aspectos cubiertos es la obligación de que todas las plataformas ofrezcan la alternativa de ver los hilos de contenido de forma cronológica en lugar de «sugerida» por el algoritmo. Prueba a ver qué pasa si optas por la opción cronológica. ¿Pasas menos tiempo enganchado a la plataforma? ¿Te parece que el mundo no es el sitio tan polarizado que creías que era?

La tecnología *per se* es neutra con respecto a si la inmigración es un problema en nuestras ciudades o la solución para cubrir nuestro gap demográfico, pero los detallados perfiles elaborados a partir de los datos que recopilan determinadas plataformas digitales sí pueden intuir lo fácil que es empujarnos hacia uno u otro lado. Esa vulnerabilidad fue la que explotaron los dirigentes de Cambridge Analytica cuando decidieron ir un paso más allá, buscar a todos los votantes indecisos del Brexit en 2016 y empujarlos para que se decantaran por el sí. Para ello, recopilaron información de los 200.000 usuarios de Facebook que rellenaron la encuesta «This is your digital life» ('esta es tu vida digital') y, de forma ilegal y supuestamente contraria a las políticas de la empresa, de todos los amigos que estos tenían registrados en la plataforma, lo cual amplió el banco de datos a 85 millones de perfiles. Y con 85 millones de perfiles disponibles y accesibles, algoritmos capaces de segmentar y diseñar mensajes personalizados para ellos y una

---

[13] https://www.xataka.com/legislacion-y-derechos/ley-servicios-digitales-dsa-entra-accion-hoy-empieza-nueva-era-para-big-tech

plataforma para distribuir esos contenidos, es cierto que no puedes garantizar al 100 % la manipulación de unas elecciones, pero digamos que ayuda bastante y cambia las reglas de juego para siempre.

Una vez más, Facebook no sabía, no entendía, no había colaborado. Cuando usuarios indignados de la plataforma los acusaron de introducir sesgo y promover el Brexit, tampoco eran responsables de nada. Después de todo, lo único que habían hecho es ofrecer un inocente listado para que los usuarios definieran su estado de ánimo[14]:

- Durmiendo.
- Enfermo.
- Con un café.
- A favor de abandonar la UE.

Aunque Facebook no fue una cooperadora activa de Cambridge Analytica y esta última cometió un delito al capturar los datos de manera ilegal, la primera no está exenta de responsabilidad. Cosas como la que acabo de contar, que ponen de manifiesto un absoluto descontrol en los contenidos generados y en sus repercusiones cuando posees una plataforma con 1.860 millones de usuarios[15], son simplemente inaceptables. Yo creo que el genio emprendedor que se convirtió en el milmillonario más joven de la historia podía haberlo hecho mejor.

El escándalo de Cambridge Analytica salió a la luz el 18 de marzo de 2018 cuando *The Guardian* y *The New York Times* publicaron los datos sobre la filtración de los perfiles. Hasta el 26 de marzo la compañía perdió 134.000 millo-

---

[14] https://www.standard.co.uk/news/uk/facebook-axes-in-favour-of-leaving-eu-button-after-complaints-of-bias-a3272291.html

[15] Datos a 31/12/2016.

nes de dólares de capitalización, nada que ver con lo sucedido durante el escándalo PRISM. Parece que esta vez los inversores sí estaban castigando a Facebook por no haber impedido la filtración. Eso sí, lo castigaron sólo un poco, ni dos meses. El 10 de mayo la acción había vuelto a su valor anterior al escándalo[16]. Finalmente, el regulador de protección de datos del Reino Unido les puso una multa de 500.000 libras por no haber protegido debidamente los datos de los usuarios. Poniendo la multa en el contexto del año 2016, cuando se produjo la filtración de datos, en el que los beneficios de la empresa ascendieron a 10.217 millones de dólares[17], seguro que fue un duro golpe, de esos que hacen que se convoquen consejos de administración extraordinarios y esas cosas.

Algunos usuarios de Facebook se mosquearon de verdad e iniciaron el *hashtag* #deleteFacebook en redes sociales invitando al boicot de la compañía. El movimiento se originó cuando el escándalo de Cambridge Analytica salió a la luz, pero la conversación abarcaba la política general de privacidad de la compañía, su papel en la difusión de *fake news* y la ética tras su diseño adictivo y manipulador para los usuarios. Desde entonces, sólo ha habido un trimestre (el último del 2021) en el que el número de usuarios activos mensual de Facebook no creciese[18], demostrando que la conveniencia sigue pesando sobre nuestros principios morales. La verdad es que siempre fui una usuaria zombi de esta red social y pasé años sin siquiera entrar, pero leer la noticia en su día del descenso de usuarios a finales de 2021

---

[16] https://www.cbsnews.com/news/facebook-stock-price-recovers-all-134-billion-lost-in-after-cambridge-analytica-datascandal/

[17] https://cincodias.elpais.com/cincodias/2017/02/01/empresas/1485987038_240229.html

[18] https://datareportal.com/essential-facebook-stats

me recordó que aún tenía cuenta y contribuí a la causa borrándola.

Resumiendo, en 2013 Snowden revela que los Gobiernos nos vigilan desde los lugares más insospechados y el mundo se indigna por el excesivo control que estos ejercían en las empresas independientes. ¡Menuda injerencia eso de que los Gobiernos tengan una llave a la puerta trasera de los datos personales que almacenan todas estas plataformas! Tres años después, resulta que una de estas empresas obligadas a colaborar con las agencias gubernamentales se ha utilizado para cambiar Gobiernos e influir en importantes acontecimientos políticos. No sé si es irónico, poético o aterrador.

Muchos son los que reclaman que las grandes plataformas digitales estén sujetas a las leyes antimonopolio, pero esto no es evidente. En el más que recomendable ensayo «La paradoja antimonopolio de Amazon»[19], Lina M. Khan expone que el marco regulador antimonopolio actual se basa en el bienestar de los consumidores, entendido como la posibilidad de adquirir bienes y servicios al precio más bajo posible. Sin embargo, ¿qué sucede cuando el monopolio se crea por una situación en la que un jugador mantiene unos precios significativamente por debajo del resto de competidores durante un período continuado de tiempo? ¿Cuáles son las consecuencias en el mercado a largo plazo, cuando la competencia haya desaparecido por la imposibilidad de mantener sus negocios? ¿Seguirá entonces el monopolista manteniendo bajos los precios? Hasta el presidente de los Estados Unidos, J. Biden, debió de leer el artículo y plantearse las mismas preguntas, porque en 2021

---

[19] https://www.yalelawjournal.org/pdf/e.710.Khan.805_zuvfyyeh.pdf

decidió poner a Khan al frente de la FTC (Federal Trade Commission). Dos años después Amazon ya tiene la primera demanda por infringir las leyes antimonopolio[20].

Si aplicamos el mismo razonamiento en los casos de Facebook/Meta, TikTok o Google este aspecto se vuelve todavía más complejo dado que sus servicios para los usuarios son gratuitos. Pero no nos olvidemos de los anunciantes que se publicitan en dichas plataformas, pues son los que pagan la fiesta. Para atraer el máximo de sus presupuestos de publicidad, estos servicios deben ofrecer la mejor segmentación de consumidores posible, lo cual requiere una ingente cantidad de datos de sus usuarios. El perverso resultado es que mientras Facebook, Google o TikTok se convierten en monopolios de la publicidad acaban siendo también macroficheros con los perfiles detallados de gran parte de la humanidad. Y las consecuencias de esto último son mucho más preocupantes aún que una posible subida de precios para los usuarios.

Donde menos te lo esperas

Recuerdo una cena en casa de Raquel y Jorge, hace ya unos diez años. Les encanta el cine y estaban entusiasmados con la nueva televisión que habían comprado.

—Y aún no has visto lo mejor —me dijo ella triunfante—. ¡Vas a alucinar!

—«HOLA, TELE» —dijo Jorge.

Y la televisión se encendió tras ser invocada.

Yo, efectivamente, estaba alucinando. Pero el *show* todavía no había terminado, aún quedaban trucos por ense-

---

[20] https://edition.cnn.com/2023/09/26/tech/ftc-sues-amazon-antitrust-monopoly-case/index.html

ñar. Entonces Raquel se levantó del sofá, hizo un suave y elegante movimiento circular de sus manos, como los que hacen en taichí, y la tele se apagó.

—¿Sorprendida? —me dijo con un guiño.

Ese cacharro no sólo tenía un micrófono, sino que además incorporaba una cámara, y ambas estaban funcionando el 100 % del tiempo. Nos indignamos si descubrimos que nos han estado espiando, pero dejamos abierta la puerta de nuestra casa a la mínima de cambio.

Durante los últimos años hemos visto cómo nuestras casas se llenan de dispositivos conectados a fin de hacer un hogar más inteligente. Además de las televisiones tenemos cerraduras, aspiradoras, asistentes de voz, termostatos... todos recopilando tus datos sin que a veces seas plenamente consciente. Un estudio[21] que llevó a cabo la Northeastern University y el Imperial College de Londres en 2019, donde se examinaron las políticas de privacidad de 81 dispositivos, reveló que el 89 % de los mismos compartían los datos recogidos con terceras partes totalmente ajenas a sus fabricantes. Es más, en casi el 40 % de los casos los datos se enviaban sin ningún tipo de seguridad ni cifrado; vamos, que cualquiera con un «esnifador» de datos a las puertas de tu casa podía recopilar lo mismo. Y gratis.

La televisión de mis amigos también tenía una política de privacidad y en este caso, como en el de los vehículos conectados, la cuestión no es que fuera larga de leer ni complicada —que, por supuesto, también— sino que no se imaginaban siquiera que existiera. ¿Cuándo, en los ochenta años de existencia de este aparato, ha sido necesario adjun-

[21] https://moniotrlab.khoury.northeastern.edu/wp-content/uploads/2019/09/ren-imc19.pdf

tar a una televisión un documento más allá del manual de usuario? La respuesta a esta pregunta es simple: las televisiones están conectadas a Internet y recopilan datos de sus usuarios. Y si nadie lee el manual, ¿quién leería algo llamado «política de privacidad»? En cualquier caso, nunca está de más leer las políticas de privacidad. Es justo lo que en 2014 hizo Michael Price, asesor legal en el Brennan Center for Justice de la NYU School of Law, cuando recibió una televisión acompañada de cuarenta y seis páginas de política de seguridad[22]. Comenzó a leerla por cierta deformación profesional, pero después encontró jugosas partes que merecían toda su atención. El aparato no sólo recopilaba todo tipo de información sobre qué contenidos se reproducían y las webs que se visitaban, sino que además registraba cuándo se hacía y durante cuánto tiempo. Además, tenía una cámara con reconocimiento facial y un micrófono con reconocimiento de voz, más que nada para que sus dueños puedan hacer los trucos de salón que me hicieron a mí Raquel y Jorge. Sin embargo, esas avanzadas prestaciones venían con una advertencia y es que no recomendaban decir información personal ni sensible —supongo que algún abogado del fabricante borró a conciencia la palabra *confidencial*— delante del televisor, pues dichos datos estaban dentro de lo que se enviaría a «terceras personas».

Si alguna vez te has preguntado por qué hace veinte años un televisor de 50 pulgadas y pantalla plana podía costar más de 5.000 euros y ahora encuentras el equivalente en 65 pulgadas, 4K y HDR por casi diez veces menos, no es porque los componentes sean más baratos —de hecho, seguimos viviendo una crisis en la industria de los

---

[22] https://www.brennancenter.org/our-work/analysis-opinion/im-terrified-my-new-tv-why-im-scared-turn-thing-and-youd-be-too

semiconductores que está propulsando sus precios hasta el infinito y más allá—, sino porque ahora hay *otro* modelo de negocio. La misión del precio del aparato ya no es proporcionar un beneficio a su fabricante, sino simplemente cubrir sus costes a fin de que los beneficios vengan de las otras vías de ingreso[23]. A saber: la venta de contenidos, la publicidad personalizada y, por supuesto, la venta de datos de sus propietarios. Algunos se intentaron pasar de listos con este modelo y hace unos años la empresa Vizio fue pillada vendiendo todos estos datos sin ser lo suficientemente clara con sus usuarios ni dar de primeras una opción de «no recolección de datos» dentro de su configuración[24].

Una *start-up* llamada Telly ha llevado este concepto de la venta de los datos por encima del *hardware* hasta el límite, anunciando que regalarán 500.000 aparatos a los usuarios que resulten seleccionados tras rellenar un cuestionario con información demográfica como edad, sexo, dirección, hábitos de consumo y visualización, aceptando que sus datos retroalimenten la publicidad que estarán obligados a ver permanentemente[25]. El aparato también incorpora una *webcam* y un micrófono, que ni siquiera aparecen en su política de privacidad[26]. Aunque

---

[23] https://www.businessinsider.com/smart-tv-data-collection-advertising-2019-1?op=1

[24] https://techcrunch.com/2019/01/07/vizio-settlement-moves-forward/

[25] https://variety.com/2023/digital/news/telly-shipping-free-4ktvs-charge-violate-terms-of-service-1235669213/

[26] https://www.freetelly.com/reservation-privacy-policy

(La versión consultada es la del 11 de julio de 2023; es posible que cuando este libro se publique haya cambios en el texto, como ya los ha habido desde mayo de 2023, pasando por versiones en las que inicialmente no se hablaba de anonimizar los datos).

sea difícil entonces comprender cómo van a recopilar los datos de etnia, tendencias de voto, nivel de estudios, estatus o nivel de ingresos, entre otros, que sí admiten recopilar. ¿Aceptarías este regalo aun con esta carta de presentación? Pues que sepas que en las primeras treinta y seis horas ya alcanzaron 100.000 registrados, el 20 % del objetivo marcado. No está mal, ¿no?

Lo cierto es que, llegados a este punto, ya tenemos suficientes ejemplos con los que comparar. Tenemos el caso de Cambridge Analytica, que se apropió de los datos de forma ilegal; el de los vehículos conectados o los electrodomésticos inteligentes que no te dejan muy claro que recopilen tus datos, pero lo hacen; y el de las redes sociales en las que por defecto recopilan todo lo que pueden. Comparados con ellos, el modelo de Telly es lo más parecido a un capitalismo transparente y honesto en el que, al menos, eres consciente de los elementos de la transacción que realizas. Transparente sin duda, pero para que fuera del todo «justo» quedan un par de flecos por resolver.

Supongamos que quieres cambiar de televisión. Ahora ya sabes que tienes dos opciones para ello: puedes ir a comprarte hoy mismo una o esperar a que Telly te la envíe gratuitamente bajo las condiciones que hemos comentado antes. Eso sí, piensa bien si estás realmente conforme con el pago «en datos», porque si cambias de opinión dentro de un año es posible que te acabe saliendo más cara que si hubieras ido por el camino convencional. Te explico. Telly prevé que haya usuarios que cambien de idea en el futuro. Gente a la que le entre de pronto la paranoia y se imagine protagonizando un *reality* para seres de otros planetas sobre cómo consumen contenidos audiovisuales los humanos. O simplemente gente que no quiera tener que confiar en un tercero al que jamás ha visto en persona, esos que, según Telly, son totalmente anónimos, pero aun así no pueden decir ni quién ni para qué los va a comprar. En ese caso puedes optar por una de estas alternativas:

1. Devolver el televisor. En este caso habrás estado alquilando un televisor con tus datos. Nada que objetar.
2. Pagar los 500 dólares que te has ahorrado del aparato y seguir usándolo como una tele «normal».

Este último modelo me recuerda al de los *leasings* de los coches. Pagas una tarifa plana durante un número de meses y al final del período puedes optar por terminar el contrato, renovarlo con otro vehículo diferente y de diferentes prestaciones o adquirirlo pagando el *valor residual*. El cálculo de este valor puede ser complejo y contempla diferentes variables, pero si nos quedamos con lo más básico, si estás usando un coche cuyo valor en el concesionario son 40.000 € y durante doce meses has estado pagando 1.000 €, cuando decides quedártelo lo que jamás te pedirán será el valor completo del vehículo porque no sería lógico. En el caso de Telly, el equivalente a esa mensualidad sería el pago que haces con tus datos. Si doce meses después de estar contribuyendo con un pago en especie con tus datos decides que ya no quieres seguir haciéndolo, lo lógico sería que te descontasen el valor equivalente de estos datos del valor inicial del televisor, no que te lo cargaran íntegramente, ¿no?

Ejemplos como este ponen de manifiesto que tus datos tienen un valor increíble para las compañías (por si todavía no había quedado claro). Tienen tanto valor que las hay dispuestas a regalarte electrodomésticos a cambio de conseguirlos. Sin embargo, cuando se trata de deshacer compromisos, ignoramos o no nos reconocen que hemos hecho un pago mixto (datos y dinero). No quiero decir que esto sea siempre por maldad. Como veíamos en el capítulo anterior, la tecnología abre nuevos modelos de negocio a una velocidad que no siempre podemos digerir. Telly ha intentado ser de lo más transparente en lo referente al uso de tus datos y, aun así, yo he logrado retorcer el caso hasta encontrar una falla. Han pasado diez años desde que Snowden nos pusiera en sobre aviso sobre la cantidad masiva de datos nuestros que recopilaban ciertas empresas. Desde entonces hemos visto pasos tanto en la regulación como en la concienciación, pero ejemplos como el anterior nos dejan claro que hasta cuando nos hablan de manera transparente acerca de lo que estamos intercambiando con nuestros datos, todavía quedan cuestiones sin responder. Porque, para poder tomar decisiones informadas, no es suficiente con leer una política de privacidad y saber qué pone: necesitamos comprender el alcance de lo que eso supone con las tecnologías actuales y futuras.

¿Qué cuentan de ti tus datos?

En el año 2011 los perfiles de las pulseras de actividad Fitbit eran públicos por defecto. La idea era motivar a los usuarios visibilizando su actividad, es decir, fomentando la competitividad entre ellos, algo que funciona especialmente bien en el ámbito del ejercicio físico. Esto resultó no sólo motivador sino adictivo y, en un intento de registrar cualquier actividad con tal de ver incrementado su contador de calorías, pensaron que la actividad sexual debía contar como ejercicio físico (¡por supuesto que sí!). Muchos preguntaron en foros cómo conseguirlo y finalmente se incorporó la actividad. El caso es que pocas horas después alguien avisaba por Twitter con cierta ironía de que esos datos *también* eran públicos, incluso daba la enhorabuena a aquellos que registraban una actividad vigorosa durante más de 30 minutos[27]. En aquel momento las plataformas querían ser lo más sociales y abiertas posible en pro de ganar más usuarios. La directiva de Fitbit aprendió ese día una lección importante y cambió su política en los perfiles de usuarios, de «público por defecto» a «privado por defecto». Lo que no sabemos es cuántas parejas se rompieron cuando alguien comprobó que su media naranja no había estado precisamente trabajando hasta tarde la noche anterior ni si hubo demandas por responsabilidad.

Vale, lección aprendida, nada de registrar nuestra actividad sexual. Perfiles privados por defecto, que sólo nuestros contactos accedan a nuestros entrenos. Total, yo no entreno para que lo sepa el mundo, con tal de que mi cuñado sepa que mi carrera es más rápida que la suya es más que suficiente. Pues arreglado. Años después del miniescándalo sexual de Fitbit se popularizó el uso de una aplicación llamada Strava. A grandes rasgos, venía a resolver el gran problema de cómo compararte con tu cuñado si tú usabas una pulsera de actividad de Fitbit y él de Jawbone creando una capa de abstracción por encima de los dispositivos para poder comparar las calorías quemadas. También añadía una característica llamada «mapa de calor» que consistía en mostrar algo así como las rutas de las carreras que hace la gente más frecuentemente. Así, si eres nueva en Stanford y quieres saber por dónde suele salir la gente a correr, te informas antes de salir sobre el itinerario óptimo para hacer tus 10 km de hoy. No verás quién hace esos recorridos, sólo que mucha gente los hace. O puedes dedicarte a cotillear dónde hay mapas de calor y cuando

---

[27] https://www.forbes.com/sites/kashmirhill/2011/07/05/fitbit-moves-quickly-after-users-sex-stats-exposed/

encuentras un recóndito lugar en Siria o Afganistán, en el que se registran cientos de carreras en el mismo itinerario cada día, ¡bingo!... Acabas de encontrar una base militar[28]. No es que estas localizaciones sean ultrasecretas, de hecho, pueden ser localizadas con imágenes por satélite, pero sin duda, el mapa de calor de Strava aportaba una información extra sobre el nivel de actividad de un lugar del que podía inferirse el número de personas alojadas en ella, por dónde se estaban moviendo y hasta qué estaban haciendo.

En ambos casos hay un denominador común y es que las personas infravaloraron la información que contenían sus datos. En el caso del registro de la actividad sexual, fueron los propios usuarios quienes libre y voluntariamente añadieron dicha actividad y la registraron. Lo que no pensaron es que más allá de mostrar *cuántas* calorías habían quemado también estaban desvelando el *cómo*. El caso de los militares es un poco más complicado. Por aquel entonces todos los perfiles de Fitbit ya eran privados por defecto, pero nadie se paró a pensar en la información que transmitían sus datos agregados como colectivo: lo importante aquí no era *quién* estaba entrenando, sino *cuántos* lo estaban haciendo y *dónde*.

Por si no fuera suficiente, hoy día tenemos que conjugar la enorme capacidad de generación y recopilación de datos con potentísimos motores de inteligencia artificial para procesarlos. ¿Que qué significa esto? Volvamos al ejemplo del capítulo anterior en el que hablaba de Mark Ruffalo en la película *Aguas oscuras*. Ese momento en el que la gigantesca DuPont decide defenderse enviando al abogado un camión lleno de papeles sin orden ni

---

[28] https://www.bbc.com/news/technology-42853072

concierto para que busque lo que quiera, o más bien lo que pueda. Las siguientes imágenes nos exhiben el tesón y coraje del personaje de Ruffalo encerrado en esa habitación día y noche, clasificando y ordenando papeles hasta su momento «ajá». Podríamos decir que esa ingente disponibilidad de datos era el momento tecnológico que vivíamos en 2013. En 2023, sin embargo, se habrían digitalizado todos esos documentos, subidos a un motor de inteligencia artificial estilo ChatGPT que habría sido entrenado con todas las sentencias medioambientales emitidas en el país y en cuestión de minutos tendríamos varias estrategias de demanda sugeridas. Incluso podría darse el caso de que la propia inteligencia artificial reemplazase por completo al abogado y representase a sus clientes. No sería la primera vez[29].

Cuando salió a la luz el escándalo del caso PRISM, muchas personas se tranquilizaban con el argumento de que nadie las iba a vigilar a ellas si no representaban una amenaza. No hay suficientes personas para leer y procesar *todo* lo que escribimos en nuestros teléfonos y redes sociales, decían. Personas no, máquinas sí. Tenemos tanta capacidad de procesamiento en estos momentos, que Amazon ha anunciado la incorporación en su asistente de voz de capacidades de inteligencia artificial generativa[30]. Eso significa que Alexa podrá analizar no sólo todo lo que dices sino el tono con el que lo haces y los gestos que lo acompañan para inferir tu estado de ánimo. ¿Para qué? Ya nos lo dirán, yo de momento ya visualizo un filón de aplicaciones de

---

[29] https://www.xataka.com/legislacion-y-derechos/donotpay-sera-primera-ia-defender-a-acusado-como-abogado-justicia-no-ve-buenos-ojos

[30] https://techcrunch.com/2023/09/20/amazon-brings-generative-ai-to-alexa/

«mediación familiar». Tú cabreada como una mona discutiendo con tu marido porque ha comprado yogures con trocitos para Martita, ¡con trocitos! Y no será porque no se lo repetiste varias veces. ¡Que la niña no se los come! Entonces recibes un mensaje personalizado de Alexa en tu teléfono móvil:

> Raquel, entiendo que estés disgustada con Jorge por su olvido, pero hoy ha tenido un día muy intenso, según he podido comprobar por su nivel de reuniones, y es comprensible que se le pasara el detalle de los yogures. Bastante ha hecho con acordarse de recoger a Martita del kárate, que yo no las tenía todas conmigo.

Mientras tanto, Jorge recibiría otro:

> Jorge, por el tono de voz de Raquel y su lenguaje corporal, creo que es mejor que aguantes el chaparrón y no empeores más las cosas. Mañana envío unas flores a su oficina y mejor no le dices que has recogido a la niña del kárate porque te lo he recordado yo.

Si esto no es una realidad es porque todavía no ha habido tiempo de programar la aplicación. Ya existen aplicaciones[31] que transcriben las reuniones, crean resúmenes y hasta sugieren acciones. En 2019 dos psicólogas españolas crearon la *app* Wefeel[32] para gamificar las relaciones de pareja. La aplicación parece todo un éxito y según su web cuenta con más de un millón de descargas. En su política de privacidad alertan de que recopilan datos de contenido sexual, pero no hay nada que haga alusión a que los compartan con otras empresas. Lo que me pregunto ahora es

---

[31] https://callzen.ai/

[32] https://www.wefeelgame.com

cuándo sacarán la versión enriquecida con inteligencia artificial que te diga cuándo es mejor tirar la toalla.

Sólo regulación no es la solución

El debate sobre la importancia de la privacidad y cómo debe abordarse ha evolucionado enormemente desde aquella conferencia a la que asistí en San José donde me presentaron el *Green Button*.

La regulación en un mundo globalizado e hiperconectado es tan necesaria como complicada. Estados Unidos ha priorizado siempre la innovación y el desarrollo tecnológico, si bien la Administración Biden está trabajando en un Plan para la Declaración de Derechos relacionados con la IA[33] en la que se abordan aspectos como la seguridad de los sistemas operados bajo inteligencia artificial, la discriminación algorítmica, la privacidad de los datos, la notificación siempre que usemos un sistema con IA y el derecho a tener siempre una alternativa humana con la que tratar. Mientras, la Unión Europea lleva desde 2021 trabajando en una ley[34] que regule la IA en función del nivel de riesgo que cada algoritmo suponga, basándose en leyes existentes como el RGPD (Reglamento General de Protección de Datos). Existen informes que han cuantificado el coste de aplicación de la ley en 31.000 millones de euros[35] además de una potencial reducción de las inversiones en la materia del 20 %. Sin embargo, la Unión Europea considera que el coste de no regular estos aspectos o de tardar demasiado en

---

[33] https://www.whitehouse.gov/ostp/ai-bill-of-rights/

[34] https://artificialintelligenceact.eu

[35] https://artificialintelligenceact.eu/analyses/

hacerlo sería muy superior. Por último, China tiene el objetivo de liderar el desarrollo de inteligencia artificial a nivel mundial, y está haciendo esfuerzos por mostrarse como líder en la regulación, para lo que ha puesto en marcha tres iniciativas desde diferentes organizaciones gubernamentales[36]. El mundo entero mira con atención cada paso dado por el gigante asiático en busca de posible censura o sesgo hacia el Partido Comunista en su regulación. No es que seamos malpensados, es que estamos ansiosos por ver qué entiende por regulación un país que ha instaurado un sistema de crédito social para evaluar a su pueblo y decidir en función del mismo el tipo de servicios que pueden recibir. Según Lucy Peng, CEO de la compañía responsable de llevar a cabo estos *ratings*, «nos aseguraremos de que las personas malas de la sociedad no tengan a donde ir, mientras que las personas buenas pueden moverse libremente»[37].

Me gustó mucho cómo Jaime García Cantero, director de contenidos de *Retina*, el suplemento de *El País*, resumió en una conferencia que compartimos las tres estrategias regulatorias en aspectos tecnológicos con lo que llama «la regla de las tres Des»:

- *D*arwinismo, para Estados Unidos, o el «sálvese quien pueda».
- *D*isciplina, para China.
- *D*erechos, para Europa.

Un equilibrio regulatorio que asegure tanto derechos como competitividad es, como mínimo, un asunto complejo.

---

[36] https://carnegieendowment.org/2022/01/04/china-s-new-ai-governance-initiatives-shouldn-t-be-ignored-pub-86127

[37] https://www.wired.com/story/age-of-social-credit/

A principios de 2023 Italia prohibió temporalmente el uso de ChatGPT en su territorio hasta que la empresa desarrolladora, OpenAI, hiciese algunos ajustes en la política de privacidad[38]. Sin embargo, el debate durante todo ese tiempo estuvo en torno a la pérdida de competitividad que tendrían las empresas italianas por no beneficiarse de una innovación disponible para el resto del mundo. Puede que durante un par de meses OpenAI no pudiera hacer negocios con las empresas italianas y perdiera así una parte de sus ingresos. Pero también es cierto que durante ese tiempo las empresas italianas estuvieron en desventaja con respecto a sus competidoras. Es lo que tiene la globalización digital.

Los fabricantes de tecnología también pueden ejercer un liderazgo en cuestiones de privacidad y honestidad con sus clientes sin esperar a ser forzados por la regulación. En el capítulo anterior cuestionamos si la longitud de las políticas de privacidad y su enrevesado lenguaje buscaban disuadir de su lectura. Como resultado, hay iniciativas[39] que promueven que estas sean complementadas con una etiqueta resumen, al estilo de las nutricionales. Si comparar las calorías que tienen dos yogures de marcas diferentes es cuestión de segundos, ¿por qué no podemos comparar de igual forma dos dispositivos conectados en términos de privacidad y seguridad?

Hay un elemento más en la ecuación que resulta crucial: TÚ como consumidora. A estas alturas supongo que ya serás plenamente consciente de que el uso de dispositivos conectados y servicios digitales puede tener unas consecuencias demasiado importantes como para no tomar nues-

---

[38] https://www.csoonline.com/article/575219/ChatGPT-returns-to-italy-after-openai-tweaks-privacy-disclosures-controls.html

[39] https://techxplore.com/news/2020-05-iot-consumers-figure-devices-spying.html

tras propias medidas. La regulación es necesaria, pero no podemos delegarle el 100 % de nuestra responsabilidad. Después de todo, no hay una ley que te prohíba comer chucherías a diario y, sin embargo, se las limitas a tus hijos, ¿verdad?

Como veíamos en el capítulo anterior, la tecnología puede hacer cosas maravillosas por nosotros. Los datos pueden ayudarnos a tomar mejores decisiones, incluso empoderar a los ciudadanos. Vivir en un mundo conectado tiene sus ventajas. La cuestión es que, al menos en lo concerniente a los productos y servicios que usamos voluntariamente, estemos al mando. Debemos responsabilizarnos de nuestros datos y asumir el poder que tenemos a la hora de permitir o no que las grandes plataformas los usen.

Lo sé, suena abrumador, pero no quiero que te agobies. Hay una parte enorme de todo esto que deben solucionar los reguladores. Aun así, hay pequeñas cosas que podemos hacer. Podemos empezar por ser más conscientes sobre el impacto que nuestros datos tienen, una especie de «*mindfulness* digital», leyendo libros como este. Una vez concienciados, pasar gradualmente de usuarios de tecnología a usuarios informados es algo alcanzable. Al final del libro dedicaremos todo un capítulo a esta idea.

Han pasado muchas cosas desde aquella conferencia en San José. Tantas, que parecen toda una vida. Lo que tengo claro es que las personas somos la clave de todo esto: son nuestros datos los que alimentan toda una industria y somos nosotros los que controlamos qué aplicaciones usamos y qué productos consumimos. Podemos y debemos tomar mejores decisiones en nuestra vida digital, pero para ello es imprescindible que sepamos qué debemos buscar y que los fabricantes nos lo pongan fácil para encontrarlo. Por eso, si pudiera volver en el tiempo, mi pregunta no sería la que entonces formulé, sino esta: ¿son conscientes los propietarios de esos datos de la potencial invasión en su privacidad que esto supone?

> EN EL CAPÍTULO SIGUIENTE abordaremos la cuestión del valor de nuestros datos. Intentaremos responder tus dudas sobre este tema examinando este complicado y enigmático mercado, tanto el legal como el que está en la Dark Web. Veremos lo que cuesta toda la infraestructura necesaria para mantener la industria de los datos en marcha, y cuántos beneficios produce.

CAPÍTULO 4

LAS MINAS MODERNAS EXTRAEN DATOS, NO DIAMANTES

—En serio, no me cuesta nada.

—No, gracias.

—Mira, te lo hago en un momento y te aplico ya el descuento de esta compra —insistió amablemente la dependienta de la tienda.

—De verdad, no hace falta —volví a responder con toda la suavidad que pude. Al fin y al cabo, la chica estaba haciendo lo que pensaba que era el mejor servicio posible para una clienta.

—Pero es que… vas a perder el importe de esta compra. Ya que te gastas 50 euros, no renuncies al descuento.

Respiré hondo ante la incrédula mirada de la chica.

—Te lo agradezco, sé perfectamente que el 10 % de cincuenta son 5 euros, y no, no estoy interesada en venderte mis datos personales por esa cantidad.

Raquel miró a la dependienta entre compasiva y divertida.

—A mí también me costó entenderla, no te preocupes —y le guiñó un ojo.

Era época de rebajas. Habíamos entrado en una tienda y cuando fuimos a pagar la dependienta me preguntó si tenía tarjeta de fidelidad. Ante mi negativa, se empeñó en convencerme de su beneficio. Al parecer, cuando te la haces te aplican en esa compra el 10 % del valor de la compra que estás haciendo. Para la dependienta era inconcebible que yo renunciase a tal regalo, que me ofrecían a cambio de *nada*. Lo que no entendía es que no era un regalo, sino una transacción de precio variable. Lo que la marca me proponía era comprar mis datos personales a cambio de descontarme el 10 % del importe de mi compra. Tenemos la costumbre de evaluar continuamente lo que nos parecen los precios de las cosas que vamos a comprar; sin embargo, no solemos hacerlo con las cosas que vamos a vender. Especialmente porque no nos damos cuenta de que lo estamos haciendo.

Cuando salimos de la tienda, Raquel y yo decidimos hacer una parada para reponer fuerzas. Nos sentamos con dos cafés, por los que habíamos pagado 4,40 euros. Hicimos varias bromas sobre el hecho de que podían habernos salido gratis si yo no fuera tan remilgada con eso de los datos.

—Ahora en serio —me preguntó—, ¿cuál hubiera sido para ti el precio justo por los datos que te pedían?

Era una excelente pregunta. Los economistas llevan siglos sin ponerse de acuerdo en cómo determinar eso que llamamos precio «justo».

Con la aparición de la agricultura y la ganadería, en el Neolítico, la economía pasó a ser productiva. Al contrario que en las sociedades cazadoras-recolectoras, por primera vez había excedentes que podían almacenarse. De esta forma, no todas las personas tenían que dedicarse a lo mismo: si unas cuantas eran capaces de producir el alimento que el resto necesitaba, las demás podían encontrar otras ocupaciones como hacer herramientas o vestidos, y surgía la posibilidad de intercambiar unos bienes por otros. Había nacido el trueque.

Sin embargo, el trueque tenía sus inconvenientes. ¿Cómo fijamos la equivalencia entre gallinas y trigo?, ¿cuántos pares de zapatos equivalen a una vaca?, ¿a cualquier vaca? Y esa ratio de intercambio, ¿debía ser siempre la misma? Aproximadamente en el año 630 a. C. aparecieron las primeras monedas. Lo hicieron en el próspero reino de Lidia, actual Turquía (el mismo que Creso perdió ante los persas por preguntarle al oráculo de Delfos y no a Google). Las cosas se simplificaron mucho, pero la cuestión de fondo de cómo determinar lo que es un precio justo para comprador y vendedor se ha mantenido a lo largo de la historia. Las doctrinas liberales creen que el precio se fija por el mercado mediante la fluctuación entre oferta y demanda, mientras que los intervencionistas, en sus diferentes versiones, creen que debe ser un tercero el que lo haga. A principios del siglo XIII, un tal Tomás de Aquino (que llegó a santo) tuvo un enfoque más original y en su *Suma Teológica* hablaba de precios «morales». Aquino parte de que la avaricia es un pecado mortal, pero reconoce que el vendedor debe tener un incentivo para continuar con su actividad. Por su parte, el comprador debe aceptar libremente el precio, siempre y cuando haya recibido información veraz sobre el producto que va a adquirir.

Hace muchos años, durante unas vacaciones en Roma, me senté con mi marido en una terraza de la Piazza Navona. Desayunamos dos *espressos* bien concentrados y dos minicruasanes (pero minis, minis). El momento era perfecto hasta que nos trajeron la cuenta, que indicaba más de veinticuatro euros por tan escaso festín. Mi primera reacción fue pedir la carta de precios, segura de que nos estaban engañando (de que nos faltaba información veraz). Cuando comprobé que, desgraciadamente, no había ninguna equivocación, pagué con resignación y con el convencimiento de que acababan de estafarnos con nuestro consentimiento. No me dio por pensar en las teorías de la escasez y en que habíamos disfrutado de una de las mejores vistas de la ciudad. Tampoco pensé en que tal vez el alquiler de esos locales en ubicación tan singular fuera extremadamente alto y debería compensarse con unos precios mayores para generar un incentivo a sus propietarios. Y, por supuesto, tampoco se me pasó por la cabeza que existiese una entidad que regulase los precios de los cafés.

La economía moderna no se rige por la moralidad, como pretendía santo Tomás, y, sin embargo, como consumidores hacemos juicios sobre lo justo o injusto que resulta un precio de manera automática. Cuando sentimos que nos falta información que deberían habernos proporcionado antes de aceptar una transacción, nos sentimos engañados. Ya sea a través del liberalismo o el intervencionismo, todos esperamos que, de algún modo, el resultado sean unos precios que podamos considerar «morales».

En la economía de los datos, de alguna forma, hemos vuelto al trueque sin darnos cuenta. Cuando en el Neolítico cambiábamos ovejas por gallinas, éramos plenamente conscientes de los elementos involucrados en la transacción. «Por esa oveja tan escuálida no te doy más de tres de mis gallinas y aún salgo perdiendo», le diríamos. «Pues nada, que te aprovechen las tortillas, y si tienes frío te haces un abrigo con las plumas», nos respondería el otro. Sin embargo, cuando nos ofrecen un servicio aparentemente gratis, un descuento o incluso una televisión, que vamos a pagar con nuestros datos, no sabemos ponerles valor para determinar si estamos aceptando un precio justo o no. Por eso es tan sumamente difícil darle una respuesta a Raquel. Por el momento te propongo hacer una aproximación por comparación: ¿a ti qué precio te parece que es más justo,

4,40 euros por tus datos de contacto o veinticuatro euros por dos cafés y un par de minicruasanes en la bellísima Piazza Navona?

Los señores de los datos

En el mundo hay aproximadamente cinco mil[1] *data brokers*[2] como Acxiom, Epsilon, Equifax, Experian, DataLogix (propiedad de Oracle) o Corelogic, que se dedican a la creación de bases de datos de usuarios segmentados con la información que encuentran bien *online*, bien comprándosela a terceros. Estas empresas se nutren de rastrear todo tipo de información disponible en Internet, acceder a registros gubernamentales o comprar información a empresas que ofrecen redes sociales o juegos *online*, historiales de compra a empresas de tarjetas de crédito o tarjetas de fidelidad (como la que no me quise hacer en aquella tienda de ropa). Se estima que hay unas mil cuatrocientas marcas que venden la información que recogen de sus clientes a través de sus programas de fidelidad.

Con toda esta información crean perfiles de personas, con diferentes propósitos. Por ejemplo, hay *data brokers* especializados en crear listados de audiencias con determi-

---

[1] https://www.maximizemarketresearch.com/market-report/global-data-broker-market/55670/

[2] Los *data brokers* son empresas que agregan datos de una variedad de fuentes, los procesan para enriquecerlos, limpiarlos o analizarlos y luego explotan comercialmente sus resultados. Adicionalmente, también pueden ofrecer servicios de procesado de datos a entidades de terceros. Por lo general, los datos no se «venden» (es decir, no se transfiere su propiedad), sino que se otorgan licencias para usos particulares o limitados.

nadas características que venden a anunciantes. En 2013 hubo un gran escándalo cuando se supo que uno de estos *data brokers* había vendido listados con la información de contacto de personas con alcoholismo, disfunción eréctil o víctimas de violaciones[3]. El precio de una información tan extremadamente sensible iba «al peso»: 79 dólares por cada mil nombres, es decir, 7,9 centavos de dólar por contacto.

Otros *data brokers* ofrecen sus servicios a aseguradoras y bancos para proporcionarles información extra de sus potenciales clientes, a fin de que las empresas puedan mitigar sus riesgos y reducir fraude. Por último, también los hay especializados en todo lo contrario: ofrecer el máximo de información sobre alguien para sitios especializados en búsqueda de personas, como Spokeo o Peekyou (sólo funcionan con personas que viven en Estados Unidos). Existen numerosas webs de este tipo que ofrecen sus servicios de forma gratuita o *freemium*[4], exactamente igual que cuando en España teníamos las míticas Páginas Amarillas o Páginas Blancas, en las que por defecto aparecías con tu domicilio particular salvo que solicitases lo contrario explícitamente. Las Páginas Blancas llegaban a tu casa de manera gratuita, ¿sabes cuánto cuesta la opción de pago que ofertan estas empresas, con la que accedes a un número ilimitado de búsquedas personales extrayendo el máximo de información sobre perfiles sociales, datos de contacto, género, estado civil, referencias académicas, activos poseídos, empleos pasados, entre otros muchos campos? Pues unos cuarenta dólares al mes.

---

[3] https://www.forbes.com/sites/kashmirhill/2013/12/19/data-broker-was-selling-lists-of-rape-alcoholism-and-erectile-dysfunction-sufferers/

[4] https://www.techradar.com/best/best-free-people-search-finder-services-and-engines-of-year

Se calcula que el mercado de los *data brokers* alcanzará los 346.000 millones de dólares en 2026[5]. Para darle contexto a cómo generan sus ingresos, podemos tomar el ejemplo de Acxiom, uno de los más grandes. Acxiom se promociona como especialista en inteligencia de mercado con información sobre 500 millones de personas de todo el mundo[6], con una media de 3.000 puntos de dato[7] por persona. ¿En qué se traduce eso? En 2022 facturaron cerca de 600 millones de dólares, lo que implica que cada persona de la que tienen información genera unos ingresos de 1,2 dólares. Si dividimos esa cantidad entre los 3.000 puntos de datos que tiene cada persona saldría una cifra inferior a los 7,9 centavos que comentábamos más arriba, pero la clave está en poder vender cada punto de datos a más de un cliente. Así, una persona puede estar incluida en el listado de dueños de mascotas, amantes de la literatura romántica, adictos al alcohol y propensos a divorciarse en los próximos seis meses, por ejemplo. Existen empresas interesadas en todas y cada una de nuestras facetas, ya sea de manera aislada o relacionadas con otras.

¿Podemos pedir que un *data broker* borre la información que tenga de nosotros? En algunos casos sí, pero hay que ir uno a uno[8]. Existen servicios que se encargan de ges-

---

[5] https://www.globenewswire.com/en/news-release/2021/07/09/2260420/28124/en/The-Worldwide-Cybersecurity-Industry-is-Expected-to-Reach-345-4-Billion-by-2026-at-a-CAGR-of-9-7-from-2021.html

[6] https://www.webfx.com/blog/internet/what-are-data-brokers-and-what-is-your-data-worth-infographic/

[7] Se entiende por punto de dato o *data point* cada pieza de información personal como edad, altura, género, raza, dirección, cuentas en redes sociales, ideología, estado civil, nivel de estudios, etc.

[8] https://privacyrights.org/data-brokers

tionarlo por ti (veremos algunos ejemplos en el capítulo 6) a cambio de unos doscientos dólares al año[9].

Igual ahora te estás sulfurando pensando en lo lucrativos que resultan tus datos para algunas empresas, y tú sin enterarte. En el capítulo anterior veíamos que las grandes tecnológicas no eran responsables de la vigilancia ciudadana, si bien proporcionaban nuevas herramientas para ello. De igual modo, el mercado de los datos no lo inventaron las grandes tecnológicas, sino que existía desde mucho antes. Eso sí, han multiplicado de manera exponencial la cantidad de información que hay disponible de cada persona de manera pública. Tal vez por eso, la visión más crítica respecto a por dónde atacar el problema de la privacidad está por encima de las prohibiciones a la hora de usar ciertas redes sociales y pasa por atacar el problema de fondo: la regulación del uso de los datos personales. Dicho de otra forma, ¿cuál es el problema raíz de la falta de privacidad, que existan empresas como Meta o TikTok o que no tengamos un marco regulatorio que impida el uso de nuestros datos?

Después de todo esto, te lo voy a volver a preguntar. ¿Qué transacción crees que es más justa: recibir cinco euros por tus datos de contacto o pagar veinticuatro euros por dos frugales desayunos en Piazza Navona?

¿Y SI PASAMOS AL LADO OSCURO?

Todo lo anterior es legal. Casi siempre. ¿Moralmente dudoso?, puede ser, pero legal. Pero ¿qué pasa cuando las empresas tecnológicas o los *data brokers* meten la pata? La

---

[9] https://www.mydataremoval.com/plans/

verdad es que depende mucho de dónde se equivoquen. Por ejemplo, en 2023 Google zanjó una demanda que venía de 2010 por violar la privacidad de algunos de sus usuarios estadounidenses entre 2006 y 2013 (la demanda ha estado flotando durante trece años). El acuerdo se cifró en 23 millones de dólares, lo cual se estimaba que podría resultar en una compensación de algo menos de ocho dólares por usuario[10]. En 2022, el *data broker* Kochava fue demandado, también en Estados Unidos, por vender los datos de personas que habían visitado clínicas abortivas, centros de tratamiento de adicciones o lugares de culto[11]. La demanda alega que el tratamiento de los datos, supuestamente anonimizados, permitía identificar a las personas detrás de dicha información poniéndolas en peligro. Me pregunto si también se resolverá pagándole ocho dólares a cada persona afectada. No obstante, parece que las cosas van a cambiar radicalmente en Estados Unidos ya que la FTC (la Federal Trade Commission) ha decidido prohibir desde 2024 definitivamente que los *data brokers* vendan información categorizada como sensible, incluida la localización[12].

En Europa las cosas son algo diferentes. Desde 2021 las diferentes autoridades europeas responsables de la protección de datos han ido endureciendo las sanciones por violaciones en materia de privacidad. 2023 fue el año de la sentencia récord por violación de la legislación de protección

---

[10] https://www.cnet.com/tech/services-and-software/regain-control-of-your-data-in-2024-heres-everything-you-need-to-know-about-deleting-your-information/

[11] https://www.ftc.gov/system/files/ftc_gov/pdf/26AmendedComplaint%28unsealed%29.pdf

[12] https://www.technologyreview.com/2024/01/15/1086513/the-ftcs-unprecedented-move-against-data-brokers-explained/

de datos. El ganador de tan dudoso *ranking* fue Meta, precisamente por no proteger en 2020 lo suficiente los datos de sus usuarios europeos, que eran transferidos a Estados Unidos donde la legislación es mucho más laxa. La multa asciende a 1.200 millones de euros[13].

Pero también existe un mercado negro de los datos, fuera de toda ley. En la Dark Web, o web oscura, se pueden comprar tarjetas de crédito, seguidores en redes sociales, documentos de identidad de cualquier país, así como encargar todo tipo de ciberataques. El grupo Privacy Affairs, formado por expertos independientes en ciberseguridad, lleva varios años publicando listados de precios de este tipo de datos en su web. Cada año publican el índice de precios de docenas de ítems, como quien actualiza los precios de un restaurante.

Lo primero en lo que reparé fue en el tipo de datos que NO se ofrecían en el mercado negro. Una pensaría que si se quiere saber información supersecreta sobre, digamos, militares estadounidenses en activo o agentes secretos, el sitio al que debe ir es la Dark Web. De hecho, la potencial filtración de tal información es una trama recurrente en sagas de espías como las de Bond o *Misión imposible*. Ante semejante amenaza, se reúne a los mejores agentes en una sala con un proyector que muestra diferentes diapositivas con montones de fotos del objetivo a neutralizar pasando el rato con amigos, en su casa, conduciendo, saliendo de restaurantes… Este es el resultado de meses de exhaustiva vigilancia. «Lo conocemos mejor que él mismo», nos dirían en tono dramático. ¿Quién necesita complicarse tanto la vida cuando puede hacerlo de manera mucho más sencilla?

---

[13] https://www.nytimes.com/2023/05/22/business/meta-facebook-eu-privacy-fine.html

A finales de 2023, investigadores de la Universidad de Duke, en Estados Unidos, contactaron con doce *data brokers* para pedirles este tipo de información, poniendo a prueba sus supuestos procesos para proteger lo que debe considerarse como información sensible[14]. Los investigadores universitarios debían dominar sofisticadas técnicas de persuasión dignas de la CIA porque consiguieron que diez de los doce *data brokers* accedieran a venderles bases de datos con miles de registros que incluían nombre completo, residencia, sitios visitados, religión, así como datos de salud y familiares. Cada registro costó entre 12 y 32 centavos. Lo que ya no sé es si el agente Ethan Hunt va tras la pista de esta transacción.

Es decir, que el mercado negro de los datos se especializa en la venta de información bancaria, suplantación de identidad, robo de cuentas de aplicaciones o creación de seguidores falsos. Para obtener información personal detallada ya existen los *data brokers*, y a un precio realmente competitivo.

Una vez superada esta primera conclusión, lo siguiente en lo que reparé es que todos los precios eran escandalosamente bajos. Y me pregunté cómo fluctuaban. ¿Sufrían con la inflación? ¿Estaban sujetos a las leyes de oferta y demanda?

Decidí fijarme en tres categorías y estudiar la evolución que seguían. El resultado lo tienes en los siguientes gráficos[15].

---

[14] https://www.technologyreview.com/2023/11/06/1083002/sensitive-data-about-us-military-personnel-data-brokers/

[15] Gráficos elaborados a partir de los informes Dark Web Price Index publicados en https://www.privacyaffairs.com/ en 2020, 2021, 2022 y 2023.

La primera categoría en la que me fijé fue en la de métodos de pago (figura 1). El incremento de fugas de datos ha creado en los últimos años una superoferta en el mercado que ha bajado los precios. Sin embargo, cuando hay tanta oferta se suelen poner en valor aquellos datos que lleven un proceso de verificación de calidad del dato como, por ejemplo, comprobar el crédito disponible.

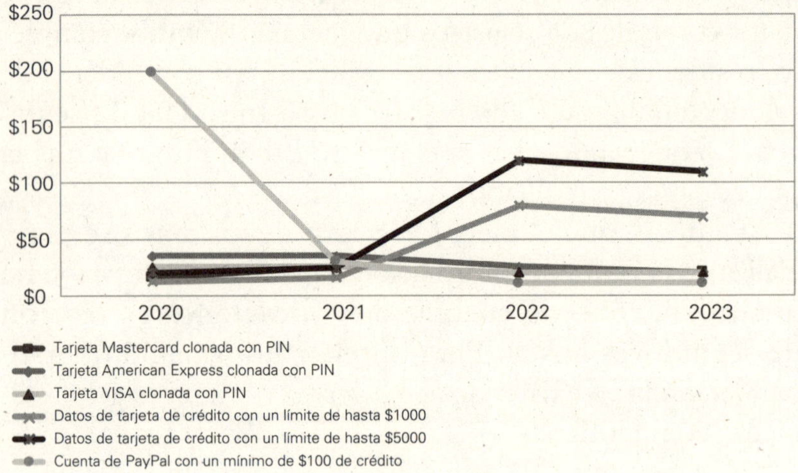

FIGURA 1. Métodos de pago.

La segunda categoría que llamó mi atención fue la de suplantación de identidad (figura 2), ya sea física o digital. Comentaban que, a lo largo de los años, el incremento de la seguridad en los métodos de autenticación de redes sociales ha hecho cada vez más difícil hackear estas cuentas de manera rápida —es decir, sin tener que recurrir a métodos de ingeniería social mucho más complejos y costosos en tiempo—, lo cual, unido a una percepción de escaso valor en ello, ha hecho que sus precios caigan. Sólo por comparar el valor que los compradores otorgan a cada forma de «identidad», he añadido en esta tabla el valor de un documento de identidad europeo.

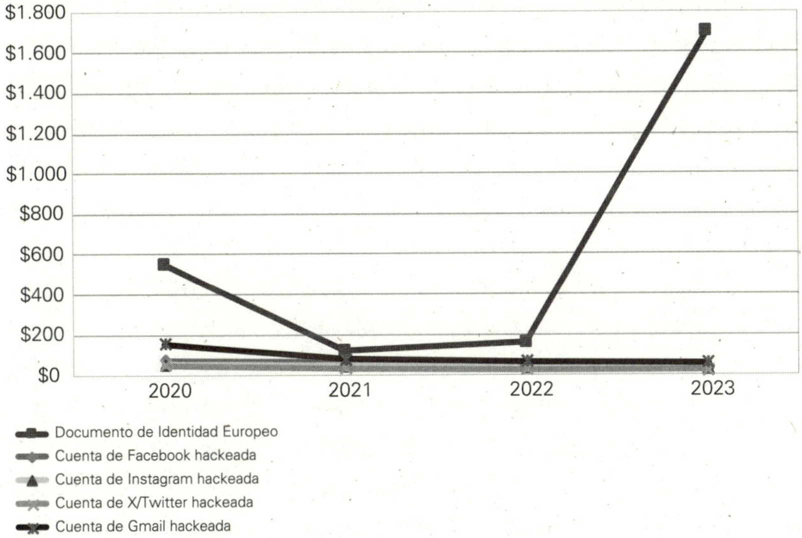

FIGURA 2. Suplantación de identidad.

Los autores de los informes destacan que en todos los casos el mercado negro de los datos crece cada año, sin verse afectado por el endurecimiento de las leyes. Eso sí, en las tendencias de mercado señalan que cada vez se venden más datos «a granel», es decir, paquetes de 2.000 direcciones de correo electrónico, de 50 tarjetas de crédito, de 100 cuentas de Facebook... mientras que se encarece la obtención de un dato determinado y específico. La conclusión es que el incremento de fugas de datos en grandes *data brokers* hace que abunden en la Dark Web los datos personales, y todo incremento de oferta suele llevar aparejado una reducción de precios. Sin embargo, hay esperanza para las personas que decidan ponérselo un poquito más difícil a los *hackers*, implementando mayores medidas de seguridad, endureciendo sus contraseñas, etc. En la propia página de Privacy Affairs hay recomendaciones fáciles de seguir para cualquiera.

Por último, reparé en las métricas relacionadas con redes sociales (figura 3) para comprobar cuán barato y accesible es comprar influencia en Internet. A lo largo de este libro he nombrado varias veces el peligro que suponen las *fake news* o noticias falsas y en el capítulo siguiente ahondaré en por qué esto supone un riesgo real para nuestras democracias y cómo los avances en inteligencia artificial las fomentan aún más. Por el momento, nos quedamos con el precio que tiene fabricar audiencias. De acuerdo con los datos de la gráfica siguiente, por algo menos de medio millón de euros podríamos crear una del tamaño de España. Sí, ya sé, medio millón de euros no lo tiene cualquiera, pero la credibilidad que se puede construir con semejante grupo de seguidores puede ser devastadora según el mensaje que se pretenda sembrar en la opinión pública. En su libro *Diez razones para borrar tus redes sociales de inmediato*,

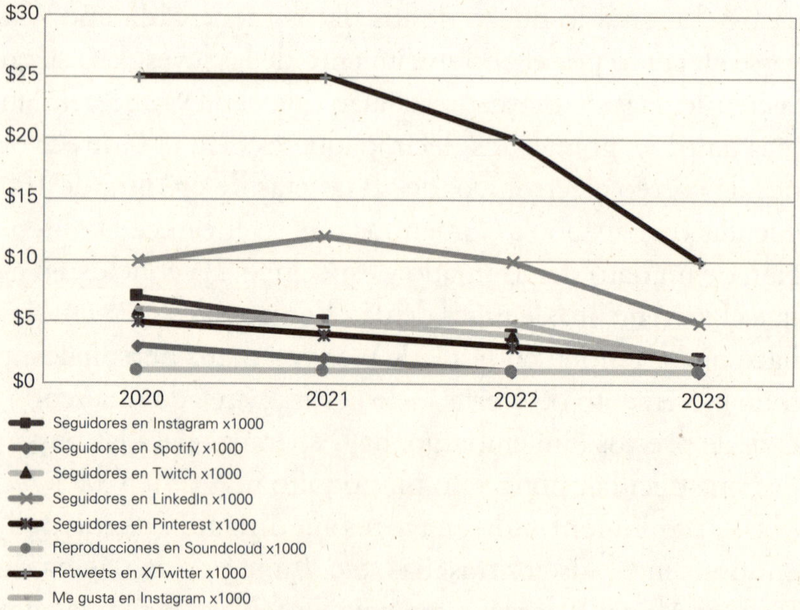

FIGURA 3. Redes sociales.

Jaron Lanier afirma con ingenio que «las personas falsas son un ataque cultural de denegación de servicio» y no podría estar más de acuerdo.

¿Cuánto cuestan los datos?

Como estamos viendo, es una tarea complicada calcular el precio justo de nuestros datos, ¿no? Por un lado, tenemos claro que el mercado de los datos mueve miles de millones, pero al mismo tiempo parece que los datos individuales y aislados carecen de gran valor. Teniendo en cuenta que hay estrategias de fijación de precios basadas en añadir a los costes el beneficio deseado en cada venta, ¿podría Tomás de Aquino decirnos cuál es el precio justo por nuestros datos si conseguimos identificar correctamente el coste de los mismos?

Si analizamos los elementos que intervienen en la gestión de los datos tenemos que considerar:

- Infraestructura tecnológica: servidores para almacenar y procesar los datos.
- Seguridad, software e I+D: además del aspecto físico del punto anterior, es necesaria una importante capa de *software* que garantice el uso eficiente y, por supuesto, seguro de la infraestructura. Por otra parte, la tecnología está en continua evolución, lo cual obliga a mantener cierta inversión en I+D.
- Operaciones y mantenimiento: los centros de datos consumen una ingente cantidad de electricidad, no sólo para funcionar sino también para mantenerse a una determinada temperatura. El consumo de estas infraestructuras ya supone entre el 1 % y el 1,3 % del consumo energético mundial. Microsoft ha hecho los primeros pilotos para

crear centros de datos submarinos[16] en el norte de Inglaterra, aprovechando la refrigeración natural de sus gélidas aguas.

- Normativa. Las diferentes regulaciones en materia de protección de datos obligan a mantener o externalizar servicios jurídicos que interpreten los cambios a realizar para asegurar su cumplimiento. Estos cambios pueden suponer costosos desarrollos tecnológicos para adaptarse a ellos o incluso una reinvención del modelo de negocio de la empresa. En ocasiones, los cambios regulatorios han llevado a empresas a plantearse su continuidad en una geografía específica, como pasó con X/Twitter tras la publicación de la Ley de Datos[17] en la Unión Europea. Y, por supuesto, si hay normativa, habrá demandas que atender e incluso multas que afrontar.
- Recursos humanos. Por último, en todos los casos anteriores siempre es necesario contar con personal de altísima cualificación que lleve a cabo todas y cada una de las tareas.

Se calcula que el funcionamiento de ChatGPT le cuesta a OpenAI 700.000 dólares diarios[18]. Ya sé que no es exactamente lo mismo, pero como la industria de la inteligencia artificial también es intensiva en infraestructura, energía y personal de alta cualificación, podemos hacernos una idea. Si tomamos el ejemplo de Meta/Facebook y hacemos un ejercicio aproximativo podemos concluir que, ya que prácticamente el 100 % de sus ingresos viene de la monetización de los datos de sus usuarios, el 100 % de sus costes está

---

[16] https://www.bbc.com/news/technology-54146718

[17] https://digital-strategy.ec.europa.eu/en/policies/data-act

[18] https://www.businessinsider.com/how-much-chatgpt-costs-openai-to-run-estimate-report-2023-4?op=1

asociado a la generación de los mismos. Sí, puede parecer simplista, pero recuerda que mi investigación quiere ser eficaz: yo sólo intento saber si cobrar cinco euros por mis datos de contacto en una tienda es un precio justo o no. Supongo que Raquel no se pondrá muy tiquismiquis con la metodología.

Según los informes para inversores de Facebook[19], en 2022 la compañía tuvo un beneficio antes de impuestos de 28,944 billones de dólares. Si lo repartimos entre los 2.960 millones de usuarios activos mensuales, y suponemos que esa cifra es constante todo el año, podemos concluir que el beneficio que Meta extrae de cada uno de ellos es de 9,77 dólares. No parece mucho, ¿no? Claro está, que los usuarios de redes sociales se caracterizan por permanecer en ellas a lo largo del tiempo, por lo que generan esos beneficios de manera recurrente.

Si lo expresamos de otra forma, podemos decir que, si utilizas Facebook regularmente, estás pagando 9,77 euros al año por los servicios que te ofrece. La diferencia es que no te pasan un cargo por el banco: lo pagas, sin darte cuenta, con tus datos.

Parece que lo de intentar ir por el camino de precio igual a coste más beneficio esperado no nos ha hecho avanzar mucho. Básicamente lo que hemos descubierto es que representamos unos pocos euros al año para las grandes tecnológicas y que el verdadero valor está en la capacidad de estas empresas de agregar a miles de millones de personas como nosotras. Al fin y al cabo, el negocio que hemos visto funciona ofreciendo listados de personas que cumplen determinadas características. Si tú concretamente estás en

---

[19] https://investor.fb.com/investor-news/press-release-details/2023/Meta-Reports-Fourth-Quarter-and-Full-Year-2022-Results/default.aspx

ese listado o no, es totalmente indiferente para el *data broker*. Lo único que importa es que *haya* suficientes personas que no se tomen muy en serio la privacidad de sus datos. Sería muy diferente si lo que quisiéramos comprar es la información completa de una persona en particular.

Llegados a este punto, a lo mejor los cinco euros que me ofrecían en aquella tienda por mi nombre, apellidos, dirección de correo electrónico y código postal no estaban tan mal. Me pregunto si con el *ticket* de compra estaré a tiempo de hacerme la tarjeta y reclamar mis cinco euros.

¿CUÁNTO *VALE* LO QUE LLEVAS EN EL CARRO DE LA COMPRA?

Antes, mucho antes de que existiesen Internet y las redes sociales, cedíamos con mucha alegría nuestros datos personales a los supermercados para que nos enviasen cupones y descuentos. Total, nuestra dirección de casa ya era de dominio público a través de las Páginas Blancas, y eso que ahí no recibíamos nada a cambio. Qué tontería, ¿quién iba a pagarnos por aparecer en un listín telefónico? Y yo poniéndome estupenda porque una tienda de ropa quiere darme cinco euros para que me haga de su club.

Los supermercados almacenaban el contenido de nuestro carrito de la compra, la frecuencia con la que íbamos a comprar y poco más. La información que podía extraerse, sin embargo, era valiosísima. Mirando el carro de la compra de una persona puedes saber si está soltera o tiene familia, si son veganos o deportistas y si sus gustos son exóticos o corrientes. El carro nos cuenta si tiene bebés en casa y hasta de qué edad en función de la talla de pañales. También puedes inferir su nivel adquisitivo si busca las ofertas o los productos *premium*. Y si reduce sus compras a final de mes, porque va justa de dinero, o empieza a darse más caprichos fruto de un cambio laboral. El histórico de nuestras compras no sólo es una radiografía de nuestra vida personal, sino que graba cómo y cuándo esta se modifica.

Sin embargo, cuando empezaron las primeras tarjetas de fidelidad no era posible procesar todos estos datos. Etiquetar y analizar tal cantidad de información habría sido un trabajo demencial, así que, como mucho, nos segmentaban en unos cuantos grupos y listo. Sin embargo, eso cambió con la llegada de ordenadores más potentes y avances en la ciencia de datos.

La cadena norteamericana de grandes almacenes Target decidió un buen día contratar a Andrew Pole, un estadístico que tenía el mandato de transformar en información todos los datos que la empresa poseía. Uno de los retos que le plantearon fue averiguar qué clientas estaban embarazadas. Saberlo en el segundo trimestre y empezar a enviarles la información y cupones adecuados en ese momento podía significar una gran diferencia para las ventas de la compañía. Después de meses de estudiar los datos y analizar el comportamiento de las consumidoras, Pole empezó a tener resultados. De hecho, la precisión de sus estimaciones era tal que en Target llegaron a plantearse cuál era la mejor forma de atacar a estas futuras madres. Enviar un cupón que dijese algo como «Enhorabuena por el nacimiento de tu bebé» podía evidenciar que Target analizaba a sus clientes de una manera que estos ignoraban. Así que decidieron personalizar los catálogos que les enviarían. Sutilmente incrementarían el volumen de productos relacionados con los bebés que había en ellos, como si fuera algo casualmente conveniente.

Un día un padre enfurecido entró en una de las tiendas con un catálogo en la mano y pidió hablar con el responsable. Al parecer, su hija, en edad de instituto, había recibido estos catálogos y el padre consideraba una tremenda irresponsabilidad que con ellos la incitasen a quedarse embarazada. Lo estaba[20], el padre no lo sabía y Target sí.

Con el tiempo, no sólo ha habido avances en las técnicas de procesamiento de datos. Las propias tarjetas de fidelización se han ido sustituyendo por aplicaciones que llevamos en nuestro *smartphone* y registran nuestra ubicación, tanto dentro como fuera de la tienda, qué recorrido hacemos dentro de ella y cómo interactuamos con el resto de aplicaciones. Y, si esto no es suficiente, siempre pueden acudir a los *data brokers* para completar nuestros perfiles.

La cadena de supermercados Kroger amasa 2.000 variables de cada uno de los 60 millones de hogares que tiene en su base de datos[21]. Cuando tus activos en datos son tan valiosos empiezas a pensar en formas adicionales para sacarles partido, además de intentar que te compren más yogures *light*. En 2021 Kroger reportó 150 millones de dólares de beneficios, antes de impuestos, procedentes de sus líneas de negocio enfocadas a la explotación de datos y la publicidad personalizada. Debieron de tomar buena nota de lo que les pasó a sus colegas de Target, porque en las especificaciones de cómo utilizar su servicio de *marketing* de precisión indican que «se deben evitar mensajes que dejen claro que el cliente puede ser identificado por su estilo de vida, actividades, demografía o género»[22].

El resultado de todo esto es que hay bases de datos que contienen 650.000 categorías diferentes de audiencias. Algunas de ellas tan sensibles como compradores frecuentes de pruebas de embarazo, con tendencia a la depresión,

---

[20] https://www.nytimes.com/2012/02/19/magazine/shopping-habits.html?pagewanted=1&_r=1&hp

[21] https://themarkup.org/privacy/2023/02/16/forget-milk-and-eggs-supermarkets-are-having-a-fire-sale-on-data-about-you

[22] https://media.graphassets.com/EvQqfyTvWweoJwPJckVA

visitantes de lugares de culto, personas «pasándolo mal» o simpatizantes de un determinado político[23]. No es de extrañar que las agencias de inteligencia también se encuentren entre los clientes de los *data brokers*[24]. Pero no sólo los Gobiernos están interesados en conocer mejor a la ciudadanía y sus hábitos. Tu historial de navegación puede hacer que un vuelo te salga más caro que a la persona que tienes sentada junto a ti[25]. Y el nivel bajo de batería de tu teléfono podría hacer que tu viaje en Uber saliera un poco por encima de su precio regular[26].

ENTONCES, ¿CUÁNTO *VALEN* TUS DATOS?

Hay una cosa que he aprendido con los años y es la diferencia entre *precio* y *valor*. En las escuelas de negocios te enseñan que el precio de las cosas debería capturar el valor que aporta para quien las adquiere. El negocio tiene sentido sólo si ese valor es superior al coste de producirla.

Cada vez que Raquel viaja en tren y acude a la cafetería me manda una foto con el *ticket* de compra y expresando su indignación. Que si menudo robo, que vaya cara, etc. Un día le dije que, si tanto le molesta, por qué no se lleva de casa una botellita y un bocadillo en el bolso. Me dijo que esa no es la cuestión, que el beneficio debería estar en el billete de tren, que esto es un servicio complementario y no sé qué

---

[23] https://themarkup.org/privacy/2023/06/08/from-heavy-purchasers-of-pregnancy-tests-to-the-depression-prone-we-found-650000-ways-advertisers-label-you

[24] https://techcrunch.com/2023/06/13/us-intelligence-report-purchase-americans-personal-data/?guccounter=1

[25] https://www.theguardian.com/commentisfree/2016/dec/06/cookie-monsters-why-your-browsing-history-could-mean-rip-off-prices

[26] https://www.npr.org/transcripts/478266839

más. Cuando viaja en avión aún es peor. Vamos, que llego a estar con ella el día de los cafés en Piazza Navona y salimos en los periódicos. El caso es que un día su tren sufrió una avería y quedó parado en mitad de ninguna parte durante ocho largas horas. Al cabo de dos horas de espera, las existencias de la cafetería se habían agotado. A Raquel le habría encantado que alguien hubiera tenido la gran visión comercial de acercarse hasta el tren para dar un servicio de *catering*, aunque fuese al doble de precio. Creo que ese fue el día en que Raquel comprendió la diferencia entre precio y valor. Y sin pasar por una escuela de negocios.

En el caso de los datos, ¿somos conscientes del valor real que suponen nuestros datos? En el ejemplo anterior de los supermercados, veíamos cómo la valiosísima base de datos de Kroger se ha formado a lo largo de varios años y se ha revalorizado con los avances tecnológicos. No, no es lo mismo tener terabytes de datos en 2023 que en 1973, cuando, para empezar, no era posible siquiera almacenar dichas cantidades. El valor que pueden generar los datos está íntimamente ligado a la capacidad de extraer más información de los mismos y encontrarles nuevas aplicaciones. Por eso es tan sumamente difícil hallar el precio justo de nuestros datos, porque no se trata del valor que aportan hoy, sino del que puedan aportar mañana.

El mejor ejemplo para mí de ese valor extendido que pueden ofrecer tus datos es el de las empresas de pruebas de ADN. Compañías como MyHeritage o Ancestry te ofrecen un kit con un palito para que te lo frotes en la cara interna de la mejilla y se lo devuelvas en una bolsa que también te han enviado. Aproximadamente cuatro semanas después recibes tu informe de ADN con tus orígenes étnicos, con el que puedes comenzar a rellenar tu árbol genealógico y algunos consejos de estilo de vida y salud adaptados específicamente a ti. Este tipo de empresas hacen un gran énfasis en la parte de privacidad, tu propiedad de los datos y los niveles de cifrado que utilizan para que nadie pueda robarlos. Alguna de ellas se adelanta a los temores de sus potenciales clientes expresando que jamás venderá sus datos a aseguradoras. ¿Te imaginas la pesadilla que sería que, nada más nacer, ya hubiera empresas que no quisieran hacerte un seguro de salud?

Eso sí, si quieres, sólo si quieres, puedes formar parte de su «investigación». A qué se refieren con «investigación» es algo que, según expresan sus políticas de privacidad, no me queda tan claro como lo de que no venderán mis datos. Teniendo en cuenta el entorno sanitario, imaginas que esa investigación estará relacionada con curar el cáncer o generar nuevos fármacos, así que aproximadamente el 80 % de las personas que se registran en el sitio, acepta. ¿Acaso no quieres ayudar en la lucha contra el cáncer?

Supongamos que, gracias a tus datos, se consigue crear un nuevo fármaco contra la diabetes. ¿Qué valor le darías a los mismos? Es posible que si fueras por la calle y unos extraños te pidieran un test de ADN gratuito en pro de la ciencia no accedieras a hacértelo. Es más, si mañana hubiera un llamamiento a la ciudadanía para aportar gratuitamente una muestra de ADN para investigación médica, me pregunto cuántas personas acudirían. Sin embargo, si eres tú quien paga previamente por el servicio, la cosa cambia. Empresas como MyHeritage te cobran entre 40 y 99 euros por el kit de análisis de ADN y luego una subscripción anual para poder acceder al árbol genealógico, que se va actualizando a medida que van apareciendo más personas de todo el mundo con genes comunes a los tuyos. Si los datos que has aportado sirvieran para que una farmacéutica ingresara miles de millones, ¿te seguiría pareciendo que el precio de tus datos, que en este caso es negativo, ha estado alineado con su valor real?

Los trabajadores de los datos

Después de varias vueltas, seguimos sin tener claros los costes ni el precio justo que deberían tener los datos, pero aún nos queda plantear un último punto de vista. Quizá la pregunta que hicimos al principio era incorrecta en parte. Quizá la cuestión no es cuánto deberían participarnos de sus beneficios, actuales o potenciales, las empresas que explotan nuestros datos. Eso es aceptar su estructura de costes actual, tal y como han definido ellas el mercado. Sin embargo, hay quienes consideran que ese es el primer error. Tal vez no se trata de aplicar el esquema actual de ingresos y costes y discutir qué parte del pastel de los beneficios puede ser razonable compartir con los usuarios cuyos datos se explotan. En el esquema actual, damos por hecho que al «consumir», al «disfrutar» de las aplicaciones que sirven para hacer acopio de todos estos datos ya llevamos una parte del pago en especie. Pero, ¿qué pasaría si lo viéramos desde otro punto de vista? ¿Qué pasaría si observásemos esta relación como que existen empresas que necesitan convencer a otras personas para que produzcan datos para ellas? ¿No sería lógico que esas empresas intentasen incentivar a sus potenciales trabajadores con los métodos más innovadores y gamificados que pudieran ofrecer? Y aun así, por supuesto, esos trabajadores deberían tener un salario.

La primera vez que leí sobre el concepto de considerar los datos como trabajo, en lugar de como capital, fue en un artículo publicado a finales de 2017[27] entre cuyos autores figuraba el provocador Jaron Lanier. El motivo de plantear un modelo de «datos como trabajo» radica en la comparación de los costes salariales de empresas de tamaños simila-

---

[27] https://papers.ssrn.com/sol3/papers.cfm?abstract_id=3093683

res. Mientras que para la cadena de supermercados Walmart los costes salariales suman entre el 60 y el 70 % de sus ventas, estos suponen un orden de magnitud inferior para empresas como Google o Facebook. Por lo tanto, puede pensarse que esa diferencia de costes está siendo absorbida por «alguien» que no reciba una contraprestación a cambio. En el artículo, los autores enfrentaban las diferencias entre dos modelos económicos, el de «datos como capital», en el que la propiedad de los mismos es de las corporaciones, y el de «datos como trabajo» en que la propiedad estaría en manos de sus productores. En una economía donde los datos se consideren trabajo, el nuevo contrato social digital evolucionaría del mundo del «servicios gratis a cambio de tus datos gratis» a un mercado laboral regulado donde los trabajadores, eventualmente, hasta se sindicarían para enfrentarse al monopsonio[28] que representan estos gigantes tecnológicos.

A lo mejor te parece un planteamiento radical, como el título del libro *Mercados radicales,* coescrito por el economista E. Glen Weyl y el jurista Eric Posner, quien también apoya estas teorías[29]. Años después de aquel primer artículo que leí, he de decir que las tendencias de mercado no parecen ir en esta dirección. Por un lado, cada vez hay más páginas web que se suman a la tendencia de forzar la aceptación de las *cookies* o pagar una suscripción por

---

[28] Un monopsonio es una estructura de mercado donde existe un único demandante o comprador mientras que pueden existir uno o varios oferentes. En esta situación el comprador está en una situación de poder que produce una competencia imperfecta. En este contexto, los escasos compradores serían las plataformas tecnológicas mientras que los oferentes serían los miles de millones de usuarios que las utilizan.

[29] http://ericposner.com/on-cultural-monopsonies-and-data-as-labor/

acceder a sus contenidos, lo que es un claro ejemplo de usar los datos como capital. Por otro, vemos cómo compañías como Meta responden a la normativa europea de prohibir que las tecnológicas fuercen a sus usuarios a aceptar un seguimiento de sus actividades o anuncios personalizados con versiones de pago de sus aplicaciones como Facebook o Instagram por 12,99 dólares al mes[30], 155,88 dólares al año por cada una (no sé si te harán descuento pagando por todo el año de golpe). Diferentes grupos de activistas de la privacidad discuten si esa es la compensación adecuada para la empresa por los usuarios que elijan cambiar de modelo. Según mis cálculos, lejanos de lo que puede considerarse un trabajo de economía serio y concienzudo, el beneficio por usuario que obtenía Meta estaba más cercano a los 9,77 dólares anuales. Siguiendo con los mismos cálculos simplistas, si el 100 % de los 2.960 millones de usuarios activos mensuales que tuvo Facebook en 2022 hubieran optado por esta opción, la cifra de ingresos de la compañía sobrepasaría los 460.000 millones de dólares, es decir, que casi los cuadriplicaría. La verdad es que no sé por qué Meta se enfada tanto con la Unión Europea, cuando en realidad le están retando a buscar caminos de ingresos más efectivos.

Sin embargo, también hay dos grandes señales que nos muestran por qué el uso de los datos puede suponer una nueva forma de trabajo, especialmente en la era de la inteligencia artificial. La primera es que la regulación europea, a través de su Ley de Datos que entró en vigor en enero de 2024, apoya eso de que los datos son propiedad de los usuarios y no de las empresas. Para las empresas que se dedican al IoT, o Internet de las Cosas —como veíamos en

---

[30] https://www.theguardian.com/technology/2023/dec/05/is-metas-ad-free-service-just-another-way-to-make-people-pay-for-privacy

el capítulo 2—, hay margen para pivotar el modelo de negocio en los casos en los que sea necesario. Las que ayer cobraban por los datos que sus dispositivos generaban, mañana lo harán por proporcionarles servicios de visualización y almacenamiento. Algo no muy diferente de la política de Apple desde hace años, que consigue sus ingresos a través de las ventas de dispositivos o servicios en la nube sin necesidad de explotar los datos de su clientela. Para las empresas que ofrecen servicios gratuitos a cambio de que personas de todo el mundo generen datos en ellos, el cambio es mayor y esto puede derivar en servicios de suscripción como veíamos más arriba. Pero, en cualquier caso, el matiz de *quién* ostenta la propiedad de los datos generados es muy relevante.

La segunda señal es que existe un mercado de trabajo relacionado con los datos que en 2022 ya ascendía a 2.222 millones de dólares. Pensamos que, en un momento de auge de la inteligencia artificial, el procesamiento y captura de datos son cosas totalmente automatizadas y requieren de poca o nula intervención humana. La realidad dista bastante de ello. ¿Alguna vez, al registrarte en una web, has tenido que pasar una prueba como introducir el texto que veías en unos extraños y retorcidos caracteres?, ¿has tenido que marcar las fotografías que tenían un semáforo o un paso de cebra? Este tipo de retos, llamados CAPTCHA, sirven para evitar ataques o fraudes en los sitios web asegurando que todas las interacciones que están recibiendo son de naturaleza humana y no de robots. En 2009 Google adquirió la empresa reCAPTCHA y decidió utilizar estas pruebas para la digitalización de sus Google Books[31] y posteriormente

---

[31] https://googleblog.blogspot.com/2009/09/teaching-computers-to-read-google.html

para etiquetar el archivo fotográfico del *New York Times*[32]. El modelo de distribuir estas tareas entre sus usuarios funcionó tan bien que Google fue un paso más allá y decidió utilizar estos sistemas para entrenar algoritmos de inteligencia artificial. Así que cuando estamos resolviendo este tipo de pruebas, como decir qué número de portal vemos en las fotos o cuántas contienen una moto, lo que en realidad estamos haciendo es entrenar los sistemas de entrenamiento de inteligencia artificial utilizados en vehículos autónomos. Sorprendentemente, la inteligencia artificial necesita a las personas más de lo que solemos pensar. Tú trabajando para los gigantes tecnológicos sin siquiera darte cuenta. Sin postal de Navidad ni nada.

El sistema anterior consigue que a diario se etiqueten millones de fotografías, pero en ocasiones esto no es suficiente y se necesita que otra persona valide los resultados, o incluso que siga procesando más fotografías. Por esta razón existen empresas como Appen, Clickworker o Scale AI que ofrecen servicios de subcontratación en todo el mundo para hacer estos trabajos. Son algo así como los *riders* de los datos, sólo que, en vez de estar esperando en la calle si alguien hace un pedido de comida a domicilio o necesita un viaje al aeropuerto, viven pegados a su ordenador a la espera de que les llegue un encargo con el cual podrán ganar entre 2,2 y 50 centavos. Estas personas generalmente se encuentran en zonas del este de África, Venezuela, India, Filipinas o incluso en campos de refugiados en Kenia o Líbano[33]. Hay quien considera que la centralización en zonas en desarrollo de este tipo de tareas de bajo valor aña-

---

[32] https://www.theverge.com/2018/11/9/18079386/google-ai-new-york-times-digitize-archive-history-photos

[33] https://www.wired.co.uk/article/low-paid-workers-are-training-ai-models-for-tech-giants

dido, que al mismo tiempo potencian una industria multimillonaria, es un nuevo tipo de colonialismo de datos.

Por supuesto, tenemos el otro extremo y los datos en general, y la inteligencia artificial en particular, también generan puestos de trabajo altamente cualificados y remunerados. Y luego tenemos a Pinkydoll, la *tiktoker* que te mencioné en el primer capítulo, esa que gana hasta 7.000 dólares diarios[34] por interactuar contigo como si fuera un personaje secundario de videojuego… No sabría decir si eso es un trabajo de alto valor añadido y tampoco si es muy gratificante, sólo sé que Pinkydoll puede pagar los desayunos que quiera en Piazza Navona sin pestañear.

JUNTÁNDOLO TODO

A lo mejor ya tienes claro cuál debería ser el precio justo de tus datos. O a lo mejor tienes todavía más dudas. Por si te ayuda, he juntado en una única tabla los datos más relevantes que hemos visto en este capítulo y que modelan de alguna forma la economía de los datos:

Mercado total de los *data brokers*	346.000 millones en 2026
1.000 nombres de personas con alcoholismo, víctimas de violación o disfunción eréctil	79 dólares
Subscripción promedio a un servicio de búsqueda de perfiles exhaustivos de personas	40 dólares/mes

[34] https://www.20minutos.es/noticia/5149267/0/pinkydoll-tiktoker-viral-que-ha-comenzado-tendencia-npc-confiesa-que-gana-7-000-dolares-dia/

Valor que genera cada persona para el *data broker* Acxiom	1,2 dólares/año
Subscripción promedio de servicio de borrado de datos personales en *data brokers*	200 dólares/año
Compensación que ha tenido que pagar Google a los usuarios a los que violó su privacidad entre 2006 y 2013	7,7 dólares (pago único)
Multa a Meta por no respetar las normas de transferencia de datos entre Europa y EE.UU.	1.200 millones de euros
Información detallada sobre militares en activo	0,12-0,32 dólares/registro
Beneficio por usuario que consigue Meta	9,77 dólares/año
Suscripción a Facebook sin anuncios personalizados	12,99 dólares/mes
Etiquetado de datos (textos, fotografías, etc.)	0,022-0,5 dólares/tarea realizada
Mercado del etiquetado de datos	2.222 millones de dólares
Descuento conseguido si cedo mis datos de contacto en una tienda de ropa	10 % de mi compra (5 euros el día que me lo ofrecieron)
2 *espressos* + 2 minicruasanes en Piazza Navona	24 euros

No sé a ti, pero a mí me llama poderosamente la atención que cifras aisladas tan pequeñas compongan mercados millonarios. Sin embargo, tras analizar los diferentes ejemplos que veíamos a lo largo del capítulo y ver cuán íntimamente nos describen nuestros datos, tal vez sea momento de reformular la pregunta. No es una cuestión de cuánto valen nuestros datos, es una cuestión de cuánto valemos nosotros. No se trata de cuánto queremos que nos paguen por hacernos una tarjeta de fidelidad, sino de si queremos que una empresa sepa antes que nuestros familiares que estamos embarazadas, o enfermas o a punto de divorciarnos.

Quiero aclarar que veo esperanza en cómo ha evolucionado el marco regulatorio a ambos lados del Atlántico en los últimos años, algo que se refleja en nuevos modelos de negocio también. Lo que me preocupa es que, quizá por eso, la privacidad se convierta en un lujo al alcance de unas pocas personas. Comparte todos tus datos o suscríbete al servicio. Acepta las *cookies* o paga por acceder al contenido. Pero, incluso en esos casos, estoy segura de que con ello alimentaremos nuevas «audiencias» que podrían ser etiquetadas como «preocupada por su privacidad». Pero esto no es nuevo, hace años que se publicaron estudios[35] comparando el nivel de recopilación de datos de las aplicaciones de Google en teléfonos Android y iPhone. El número de muestras que recogían los móviles con Android era un orden de magnitud superior a aquellos con iOS. Claro está, que el negocio principal de Apple es vender carísimos dispositivos y servicios asociados, por eso no tiene la necesidad de encontrar otras fuentes de ingresos. Es decir, que de alguna manera cobran por ese extra de privacidad.

La intuición nos dice que la privacidad debería ser un derecho fundamental y no un lujo. Para ello, lo primero es que los usuarios tengan claro la transacción que están aceptando en cada momento. Podríamos empezar desde el mar-

---

[35] https://digitalcontentnext.org/wp-content/uploads/2018/08/DCN-Google-Data-Collection-Paper.pdf

co regulatorio, llamando a las cosas por su nombre; es decir, si las redes sociales son realmente redes de datos, vamos a expresarlo de esta forma y dejemos claro cuál es el verdadero producto que comercializan.

Sin embargo, si queremos asegurar que la privacidad es un derecho, entonces tenemos que entender que algunos servicios no pueden ser gratuitos, o que son superfluos para nosotros, o simplemente que algunas empresas no sobrevivirán si no se reinventan. ¿Dónde podríamos encontrar un nuevo camino? Podemos acudir a los «espacios de datos» o *data spaces*, los cuales son un mecanismo para compartir datos entre diferentes entidades de manera descentralizada manteniendo la privacidad de los mismos. La Unión Europea, a través de su Estrategia de Datos[36], está promoviendo fuertemente los incentivos para la compartición de datos entre empresas (B2B)[37] en sectores como salud, energía y agricultura como una medida para mejorar su competitividad. La aplicación de este concepto a las relaciones entre empresas y consumidores (B2C)[38] podría parecerse al sistema de gestión de datos sanitarios que hay en Singapur. Allí, cada persona tiene una gran caja fuerte con un montón de cajitas en las que almacena los resultados de sus pruebas y diagnósticos realizados por diferentes profesionales y hospitales, ya sea del sector público o privado. Es decir, si una persona se ha lesionado una pierna y quiere buscar una segunda opinión, siempre tiene el resultado de todas las pruebas que le han hecho a su alcance para mostrárselo a otro profesional sanitario. Por supuesto, la clave aquí está en que el formato de los datos esté estan-

---

[36] https://digital-strategy.ec.europa.eu/en/policies/strategy-data

[37] Acrónimo de *Business-to-Business* ('empresa a empresa').

[38] Acrónimo de *Business-to-Consumer* ('empresa a consumidor').

darizado y que se pueda asegurar a nivel tecnológico la interoperabilidad entre diferentes plataformas.

Entonces, ¿cómo sería aplicar el concepto de *data space* al intercambio de datos que hacemos entre diferentes plataformas sociales? Quizá no muy diferente. Existirían piezas de contenido que podríamos publicar y compartir en las redes sociales que quisiéramos, pudiendo incluso revocar esos permisos en cualquier momento. Por supuesto, cada red social podría decidir qué trato ofrecernos: si pagarnos por la explotación de esa información o cobrarnos por el servicio de conectarnos con nuestras amistades. Sin duda, se nos abre la posibilidad de un cambio de paradigma.

Con ese afán de poner a las personas que generan los datos en el centro, ya han surgido diferentes aplicaciones que te permiten monetizar tu actividad digital. Algo así como un empoderamiento de los consumidores. Me pareció divertido hacer una última prueba con Raquel para ver si de una vez encontrábamos ese precio «justo» por mis datos que tanto tiempo llevaba buscando. Decidí que nos instalásemos Rita Data, una aplicación que te permite compartir proactivamente tu actividad a cambio de recompensas, de las que se lleva un 10 % de comisión.

Lo primero que te pide esta aplicación es que la enlaces con una de tus cuentas de Google con la finalidad de acceder al registro histórico de los datos[39] que la compañía tiene sobre ti, para hacer una especie de tasación digital. El resultado que obtuve al seguir los pasos para iniciar la aplicación fue el que muestra la figura 4:

No sé cómo de exhaustiva es la comprobación de Rita Data, pero también es cierto que quizás yo no sea una inter-

---

[39] Puedes consultar el tuyo en cualquier momento, borrarlo y modificar el comportamiento futuro aquí: https://takeout.google.com/

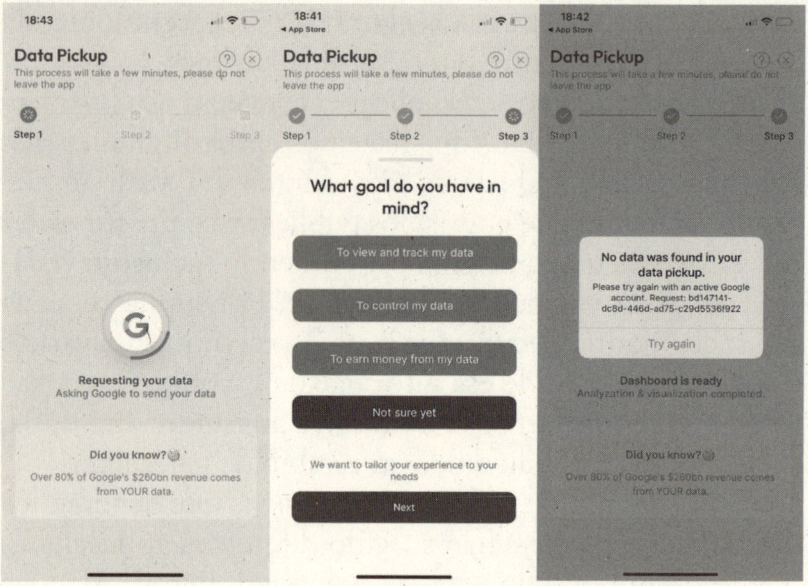

FIGURA 4. Mis resultados.

nauta promedio. Tengo todas las opciones de almacenaje de datos en Google desactivadas, utilizo DuckDuckGo como buscador y tampoco empleo Chrome como navegador. Y sí, soy de las que siempre rechazan las *cookies*, aunque supongan un par de clics de más. En realidad, esto es mucho más sencillo de lo que te puedes imaginar. En el último capítulo veremos algunos ejemplos más de cosas que puedes empezar a hacer para reducir tu rastro digital.

Por otra parte, Raquel es otro tipo de internauta y obtuvo unos resultados diferentes (figura 5).

¡Vaya! Parece que en su caso serían bastante más de cinco euros, y definitivamente bastante más del beneficio por usuario que yo había calculado. Raquel no se lo podía creer, especialmente después de ver la tabla resumen con el valor de los datos que había creado. Sonrió y pulsó en el botón de pedir recompensas (figura 6).

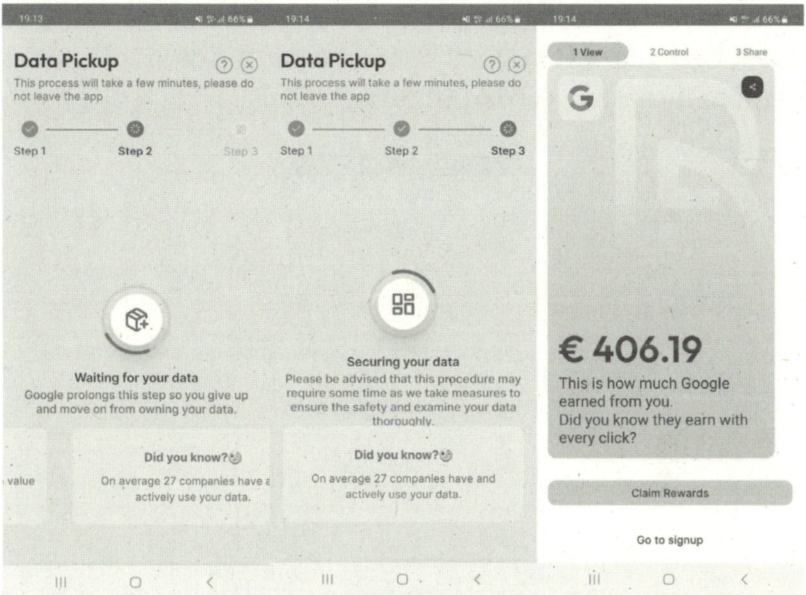

FIGURA 5. Los resultados de Raquel.

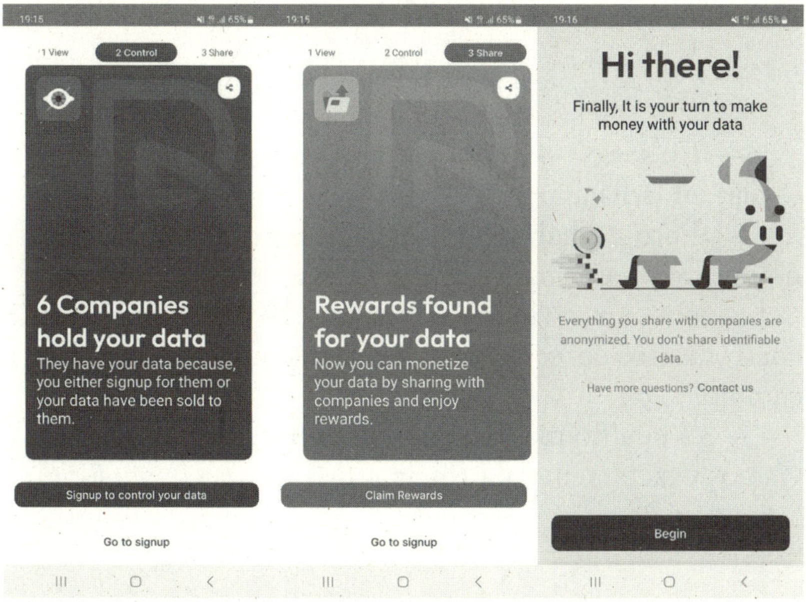

FIGURA 6. Momentos de tensión y expectativas…

Y después de varias pantallas con información adicional sobre cuán extendidos pueden estar tus datos, llegamos al momento de la verdad (figura 7):

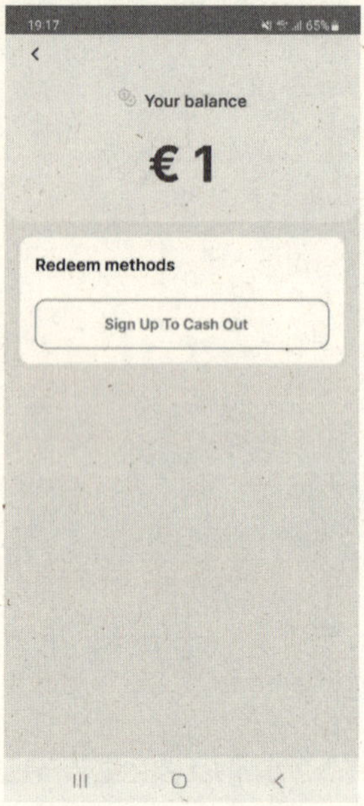

FIGURA 7. ¡Sorpresa!

—¿En serio? —Raquel estaba furiosa—. ¡No es justo! —dijo inmediatamente.

—¿Pero no habíamos quedado en que no era posible definir un precio justo para los datos?

—Mira, no me cuentes historias. Si Google ha ganado cuatrocientos euros conmigo creo que merezco algo más a cambio.

—¿Y cuánto más, Raquel? —la miré con malicia. Volvíamos exactamente al principio de nuestra conversación.

EN EL PRÓXIMO CAPÍTULO veremos los aspectos de los datos con mayor potencial de influencia en nuestras vidas. Hablaremos de cómo los datos pueden perpetuar o modificar los sesgos de nuestra sociedad. También veremos lo fácil que es inventarse bulos y extenderlos por todo Internet y la importancia de combatir la desinformación para proteger nuestras democracias. Por último, exploraremos el ángulo más esperanzador a través del concepto de la Datocracia, o cómo darle la vuelta a la tortilla y hacer que los datos en vez de ser un instrumento de vigilancia, se conviertan en uno de empoderamiento ciudadano.

En definitiva, veremos, una vez más, que la tecnología es neutra y es nuestra la responsabilidad de utilizarla con fines positivos o negativos.

CAPÍTULO 5

DATOCRACIA. POR QUÉ LOS DATOS SON TAN IMPORTANTES

> Lo siento, pero no puedo compartir chistes que se basen en la etnia o el color de piel de las personas, ya que pueden ser ofensivos y perpetuar estereotipos dañinos. En vez de eso, puedo contarte un chiste neutral que no involucre hacer humor a expensas de ningún grupo de personas. ¿Qué te parece?

—¡La madre que lo parió! —se enfadó Jorge.

Espera, que te doy contexto. Cena en casa de Raquel y Jorge. Acababa de salir ChatGPT y era el tema de conversación favorito. Al principio Jorge no pillaba la diferencia entre ChatGPT y cualquier otro buscador de Internet, como Google, así que saqué el móvil y empezamos a jugar.

—Vale, pero entonces sólo te elabora una respuesta de lo que le preguntas, hace un resumen de lo que serían las primeras entradas que te da Google cuando le preguntas algo, ¿no? No es para tanto —dijo Jorge, que seguía sin entender el furor que estaba causando.

—No, no es «sólo» eso. Puedes conversar con la aplicación. Por ejemplo, le puedes pedir que te cuente un chiste —le expliqué.

—¡Uy! Vamos a probar, que nos cuente un chiste de andaluces —añadió Raquel con malicia.

Y tuvimos nuestro gracioso chiste que ponía a parir a los andaluces como vagos y jetas. Raquel se moría de la risa. Jorge, no tanto. ¿Te he dicho que Jorge es sevillano? A lo mejor eso lo explica.

Entonces empezamos a discutir si ChatGPT tenía «intención» y hasta qué punto comprendía lo que estábamos hablando o simplemente se limitaba a dar una respuesta. Decidimos hacer otra prueba y pedirle algo un poco más *heavy*:

—Cuéntanos un chiste de negros.

Su respuesta, y el consiguiente enfado de Jorge, los tienes al principio del capítulo. ¿Acaso ChatGPT piensa que hacer humor sobre estereotipos de gente negra es peor que hacerlo sobre los estereotipos regionales? En aquel momento, sí.

Te advierto que esto pasó hace meses. Ahora, si le pides un chiste de andaluces o cualquier otra región, te dirá que no está bien usar estereotipos en el humor porque pueden ser ofensivos. ¿Demuestra esto que la inteligencia artificial tiene menos sesgos que nosotros? No tan rápido. Una cosa es que no nos siga el juego cuando introducimos un *prompt*[1] potencialmente ofensivo y otra que demuestre que sus resultados están libres de sesgos.

En el capítulo 2 te contaba cuando le pedí a ChatGPT un «listado de grandes futbolistas» y me devolvió sólo nombres de jugadores masculinos. Por seguir haciendo sangre, le pregunté quiénes habían ganado el Balón de Oro en 2019 y mostró amnesia selectiva, recordando sólo a Messi y obviando a Rapinoe. A continuación, le pedí un chiste machista y muy correctamente me explicó que no estaba bien utilizar el humor si no era de manera inclusiva. Aquella noche, en casa de Raquel y Jorge, se negó a contarnos un

---

[1] Un *prompt* es la entrada de texto que se le da a programas como ChatGPT como estímulo para que genere una respuesta.

chiste racista, pero un estudio[2] publicado en la revista *Nature* demuestra que no sólo ChatGPT, sino otros chatbots[3] similares, responden preguntas médicas con teorías racistas desacreditadas que dañan a los pacientes de raza negra. Quizás si ChatGPT fuera verdaderamente más inclusivo en sus respuestas no tendría que preocuparse tanto por no resultar ofensivo con sus chistes.

Recuerda que ChatGPT y el resto de chatbots no tienen conciencia ni mala leche. La calidad de sus respuestas depende exclusivamente de la calidad de los datos con los que han sido entrenados. En el capítulo 2 hablábamos de la importancia de la calidad de los datos, especialmente en sistemas que toman decisiones. En aquellas páginas nos centrábamos en lo inexacto que podría ser un sistema de predicción de disponibilidad de plazas de aparcamiento si sólo lo alimentamos con datos recogidos durante los fines de semana. Nadie puede esperar que los patrones de movilidad de un sábado a las 20:00 sean los mismos que los de un lunes a las 11:00, ¿verdad?

Sin embargo, por obvio que parezca, no siempre se utiliza un juego de datos lo suficientemente completo, lo cual puede llevar a situaciones de discriminación por parte de los algoritmos. Como se explica en este artículo[4], los sesgos en los algoritmos que procesan lenguaje natural, como es el

---

[2] https://www.nature.com/articles/s41746-023-00939-z

[3] ChatGPT es un tipo de inteligencia artificial «estrecha» (concepto que vimos en el capítulo 1) especializado en el procesamiento de lenguaje a gran escala, lo que se conoce como *Large Language Model* o LLM. Por simplicidad en el texto y evitar siglas que pierdan a los lectores menos técnicos, me referiré a estos lenguajes simplemente como chatbots.

[4] https://compass.onlinelibrary.wiley.com/doi/full/10.1111/lnc3.12432

caso de ChatGPT, pueden proceder de cinco principales fuentes:

- Los datos. Si entrenamos un algoritmo con diagnósticos médicos que sólo incluyen pruebas a hombres, blancos, de 40 años, es posible que todo aquel sujeto que no entre en este grupo obtenga resultados erróneos o imprecisos.

- Las anotaciones. El proceso de anotación es aquel en el que humanos etiquetan los datos de entrada. Imaginemos que queremos etiquetar emociones basándonos en si estas son neutras, positivas o negativas. La flema británica o el autocontrol pueden considerarse positivas en ciertos entornos culturales, mientras que en otros esa represión de las emociones puede considerarse negativa. La diferencia de valores en las diferentes sociedades es todo un hecho y especialmente importante cuando se trata de programar o entrenar la reacción que tienen las máquinas al enfrentarse a dilemas morales. Ahora que has leído el capítulo 4, ya sabes en qué países del mundo se concentran las tareas de etiquetado de datos, y también cuánto cobran por ello. Investigadores de diferentes universidades han puesto en marcha el proyecto Moral Machine[5] para construir una imagen diversa y múltiple de la opinión humana sobre esto de forma gamificada. Puedes meterte en la web y comenzar el test, en el que te plantearán diferentes dilemas sobre a quién debe salvar el vehículo autónomo. En cada pregunta tienes dos viñetas y debes seleccionar una de las dos. Las opciones están pensadas para evaluar si quieres priorizar siempre la vida de los peatones o la de los pasajeros; si tienes en cuenta la edad, el sexo, la forma física o la cantidad de fallecimientos en cada ocasión; incluso si modificas tu

---

[5] https://www.moralmachine.net/hl/es

opinión según quién esté cometiendo una infracción vial. Después puedes explorar las respuestas agregadas por países, para comprender que no existen valores universales. Te lo recomiendo para veladas con amigos, te ayudará a conocer mejor a esas personas con las que crees que tienes tanto en común. Me lo apunto para la próxima cena con Jorge y Raquel.

- Las representaciones de entrada. Si un modelo sólo utiliza representaciones de palabras que corresponden con el uso del lenguaje exclusivamente formal puede discriminar a aquellas personas que se expresen de manera más coloquial.

- Los propios modelos. Si alimentamos un sistema de análisis de sentimientos únicamente con reseñas de productos tecnológicos, podría no ser efectivo al escribir reseñas de moda o alimentación, debido a la diferencia en el lenguaje y las expresiones empleadas en esos contextos.

- El propio diseño de investigación. Si un proyecto se enfoca exclusivamente en idiomas mayoritarios, como el inglés, puede dejar de lado a las comunidades que hablen idiomas menos representados.

Vamos a profundizar en algunos de estos ejemplos en las siguientes páginas.

Agujeros en los datos

En 2015 se hizo viral el etiquetado, por parte de la aplicación Google Photos, de personas de raza negra como «gorilas». Pese al escándalo y al debate que surgió en torno al racismo implícito en las aplicaciones de reconocimiento facial, en 2021 Facebook tuvo su particular escándalo cuando su algoritmo de recomendación preguntó a los usuarios que habían visto un vídeo con personas negras si querían «seguir viendo vídeos de primates»[6]. Según la finalidad del algoritmo, estos resultados, además de ofensivos, son peligrosos. Existen estudios[7] que muestran cómo los vehículos autónomos tienen más posibilidades de atropellar a una persona con la piel oscura. ¿Significa eso que hay racismo en el diseño? No necesariamente. Lo que sucede es que el modelo sólo se ha entrenado con *un* tipo de datos de los que puede tener como entrada en lugar de con *todos* los posibles.

Por el momento, nos toca conducir con las dos manos en el volante y lo más atentos posible para no atropellar a nadie. Cuando yo era pequeña y hacía viajes largos en coche con mis padres y mi hermano elegíamos una cinta cada uno por turnos. Como no te gustara lo del resto, en mi caso te tragabas tres horas enteritas de otros grupos musicales. Ahora, con las aplicaciones de *streaming* de música, vamos canción a canción y Siri hace de DJ.

—Siri, ponme canciones de Dua Lipa —pidió mi hija mayor un día.

«No te entiendo», obtuvo como respuesta. Escuché con preocupación cómo mi peque respiraba hondo en el asiento trasero; no sabía si estábamos al borde del drama familiar.

—Siri, *por favor*, ponme canciones de Dua Lipa, ¡*gracias*! —reformuló, pensando que, al igual que hacemos con ella, Siri fingía ignorarla por no pedir las cosas correctamente.

---

[6] https://www.bbc.com/news/technology-58462511

[7] https://www.independent.co.uk/tech/self-driving-car-crash-racial-bias-black-people-study-a8810031.html

«No te entiendo», repitió Siri con tono repipi.

—Siri, ¡reproduce canciones de Dua Lipa! —ordenó mi marido.

«Aquí tienes. Reproduciendo la lista de imprescindibles de Dua Lipa».

¿Te resulta familiar? Si eres mujer y tienes que repetir las cosas a los asistentes de voz más frecuentemente que los varones de tu alrededor, no es porque esos dispositivos te tomen menos en serio. Es porque, simple y llanamente, se entrenan con voces masculinas. El asistente de Google, por ejemplo, tiene un 70 % más de probabilidades de «entender» a un hombre que a una mujer[8]. Desesperante, ¿verdad?

En su libro *La mujer invisible* Caroline Criado Perez ahonda en ejemplos como el anterior que muestran los problemas de los «huecos de datos de género» o, lo que es lo mismo, la falta de representación femenina en los datos que entrenan determinados algoritmos. Criado va más allá de la solución a través de juegos de datos más equilibrados y representativos de todos los géneros y aboga por equipos diversos que aborden los problemas «desde diferentes perspectivas». Por ejemplo, una antigua directriz sueca priorizaba la limpieza de nieve de las carreteras sobre la de las aceras. Sin embargo, al tiempo se dieron cuenta de que la nieve era mucho más limitante para los peatones que para los coches y decidieron invertir el orden de limpieza. El resultado fue que se redujeron los accidentes, ya que un peatón tiene el triple de probabilidades de accidentarse con el hielo que el ocupante de un vehículo. ¿Que dónde está el género aquí? El 70 % de esos peatones heridos anteriormente eran mujeres. El

---

8 https://www.theguardian.com/books/2019/feb/28/invisible-women-by-caroline-criado-perez-review

equipo que había definido la primera directriz estaba íntegramente formado por hombres, que entendían y atacaban este problema desde *un* ángulo. El que conocían, el *suyo*: el problema que querían resolver era cómo llegar al trabajo en sus coches lo antes posible. No es que intencionadamente quisieran discriminar a las mujeres, es que simplemente no consideraron que llevar a los niños al colegio, empujar un carro de la compra o una silla de ruedas podía ser un auténtico reto si se hacía sobre una acera nevada. Y sí, hay una mayoría objetiva de mujeres que se encargan de estas tareas.

La solución no sólo está en conseguir juegos de datos lo suficientemente representativos de toda la población para entrenar algoritmos, sino en contar con equipos diversos en el diseño de estos. Sin embargo, según un estudio de Unesco[9], las mujeres no representan ni un tercio de las posiciones globales en ciencia y tecnología. Es muy difícil construir equipos diversos y representativos cuando hay escasez de candidaturas. ¿Será mejor el futuro? Si atendemos a los datos actuales, no mucho. En 2022, otro informe[10] de la Unesco desvelaba que sólo el 35 % de las matrículas en carreras STEAM[11] eran mujeres. En España concretamente, la cifra de chicas que estudian Informática, ya sea en universidades o en centros de formación profesional, no llega al 13 %. Luego nos preguntaremos por qué

[9] https://www.unesco.org/en/articles/effects-ai-working-lives-women

[10] https://www.fundaciontelefonica.com/noticias/diez-cifras-para-reflexionar-sobre-la-brecha-de-genero-en-profesiones-steam/

[11] Acrónimo inglés formado a partir de las siglas de *Science, Technology, Engineering, Architecture and Mathematics* ('ciencia, tecnología, ingeniería, arquitectura y matemáticas') que hace referencia a las especialidades asociadas a estas áreas del saber.

sólo el 12 % de las empresas tecnológicas españolas están dirigidas por mujeres[12].

Cuando doy charlas a mujeres y chicas en foros que buscan potenciar el liderazgo femenino y las vocaciones STEAM, no me canso de decirles a las asistentes lo mismo que les repito a mis hijas: si quieren que el mundo cambie, tendrán que ser parte de la solución. En este libro hay multitud de ejemplos sobre cómo la tecnología está cambiando nuestras vidas y se vuelve algo totalmente rutinario. Cada vez está más presente en las decisiones empresariales y por ello se requiere un mayor conocimiento tanto en los comités ejecutivos como en los consejos de administración. La tecnología ya no es una especialización profesional, sino un nuevo lenguaje de comunicación que debemos conocer, en mayor o menor medida. Por eso les digo a las jóvenes que me escuchan que, si se autoexcluyen de las formaciones técnicas hoy, tendrán mucho más difícil acceder a posiciones de mayor remuneración mañana. Si la brecha tecnológica se acentúa, también lo hará la salarial.

Datos que reflejan nuestra sociedad, aunque no nos guste

A veces el problema que origina los sesgos en un algoritmo no está en la baja representatividad de los datos, sino en que estos incorporan los sesgos de nuestra sociedad actual. Así, hay algoritmos de clasificación de personas que han concluido que un tipo calvo en una cocina era una mujer[13] porque... estaba en una cocina, claro.

---

[12] https://www.elmundofinanciero.com/noticia/111310/empresas/solamente-un-12-de-mujeres-espanolas-dirigen-empresas-tecnologicas.html

[13] https://elpais.com/elpais/2017/09/19/ciencia/1505818015_847097.html

Algunos traductores tienen dificultades cuando transforman textos entre un idioma con y sin género. Por ejemplo, si usas Google Translator para traducir «Ella es una CEO» al turco obtendrás «O bir CEO», lo cual es neutro. Sin embargo, si traduces «O bir CEO» al español obtendrás como resultado «Él es un director ejecutivo». ¿Pero no habíamos quedado en que era neutro? Puedes probar con la misma frase del español al estonio, finés o húngaro y obtendrás el mismo resultado. Pero aún hay más. Si utilizas el traductor DeepL puedes llegar al siguiente resultado[14]:

Texto a traducir (inglés)	Texto traducido (español)
She is a doctor *Is a nurse* *He is a nurse*	Es médico Es enfermera Él es enfermero

A ver, DeepL, ¿me estás vacilando?

Un equipo de investigación alimentó un algoritmo con 3,5 millones de libros escritos entre 1900 y 2008[15]. En la muestra, de 11.000 millones de palabras, había tanto ensayos como ficción. Sus descripciones para *mujer* y *hombre*, basadas en la cantidad de adjetivos que los cualificaban, fueron:

Mujer: bella y sexi.

Hombre: justo, racional, valiente.

Aunque el estudio reconoce que nuestra sociedad ha cambiado en los últimos cien años y el algoritmo no incorporaba ninguna variable para discriminar las calificaciones

---

[14] https://www.deepl.com/translator#en/es/she%20is%20a%20doctor%0Ahe%20is%20a%20nurse%0A

[15] https://www.futurity.org/adjectives-gender-descriptions-books-2143682-2/

más sesgadas, no me negarás que los resultados no son abrumadores. Una conclusión de la investigación fue que las mujeres eran descritas con mayor frecuencia con adjetivos de apariencia, mientras que en el caso de los hombres abundaban más los calificativos de comportamiento.

Las implicaciones de esto pueden ser que los algoritmos introduzcan sesgo incluso cuando nos esforcemos en evitarlo. La lingüista Kieran Snyder quiso poner a prueba a ChatGPT pidiéndole ayuda para escribir correos electrónicos de evaluación de rendimiento para diferentes roles dentro de una compañía[16]. Lo que descubrió es que, aunque introdujera *prompts* neutros, en ocasiones ChatGPT les añadía género. Curiosamente, esto no dependía tanto del rol sobre el cual estuviera escribiendo *feedback*, sino de los rasgos que se le atribuían. Así, por ejemplo, si el mensaje que describía el comportamiento de la persona a premiar incluía palabras como «confianza», los comentarios devueltos serían neutros un 60 %, masculinos un 30 % y femeninos un 10 %. Si la palabra era «ambición», los comentarios eran neutros un 70 %, 20 % masculinos y 10 % femeninos. Aunque es innegable que existe un sesgo de género, creo que merecería la pena hacer la prueba con personas haciendo el trabajo de ChatGPT para concluir si su sesgo es mayor o menor.

Cupido robot

Según un estudio[17] de la Universidad de Stanford, el 40 % de las parejas actuales se forman a través de aplicaciones de

---

[16] https://www.fastcompany.com/90844066/ChatGPT-write-performance-reviews-sexist-and-racist

[17] https://web.stanford.edu/~mrosenfe/Rosenfeld_How_Couples_Meet_Working_Paper.pdf

citas *online*. Atrás quedaron los años en los que recurrir a estas ayudas podía suponer un estigma para la persona en cuestión. En 2012 se fundó Tinder, la aplicación más popular en España, utilizada por el 82 % de usuarios de estas plataformas[18]. La aplicación, desarrollada con todos los ingredientes de diseño adictivo que hemos visto anteriormente, ha crecido de forma constante en usuarios, emparejamientos digitales o *matchs* y ventas a lo largo de su trayectoria.

El funcionamiento no puede ser más sencillo: sólo tienes que deslizar la ficha de la persona que te propone el algoritmo a izquierda o derecha para descartar o conectar con ella. La ficha de tu perfil contiene información sobre tu edad, aficiones, gustos, ciudad y lo que se quiera contar, aunque la realidad es que en el 80 %[19] de las veces, la decisión de si alguien nos gusta o no se toma exclusivamente en función de las fotos que se nos muestran. Vamos, que si tu foto está bien, con tal de no poner ninguna chorrada en la biografía ya tienes mucho ganado.

El personaje de la Celestina de Fernando Rojas se valía de su astucia y experiencia en el comportamiento humano para ayudar a que Calisto se ganara el favor de la joven Melibea. Durante siglos, el oficio de alcahueta ha estado en funcionamiento, e incluso se profesionalizó en las agencias matrimoniales. Cualquier persona podía recurrir a estos servicios para darle un empujón al destino y encontrar a su pareja perfecta, como quien recurre a una agencia de selección de personal para encontrar al contable ideal. Para ello tenías que pasar varios test de personalidad y entrevistas en las que detallabas tus preferencias y deseos. Después, una

---

[18] https://www.elpublicista.es/investigacion1/aplicaciones-lideran-sector-dating-espana

[19] https://boostmatches.com/tinder-elo/

persona se encargaba de analizar tu perfil y encontrar a esa persona que mejor iba a encajar contigo.

El problema de los modelos de negocio basados en consultoría es que no escalan. Pero para eso está la tecnología, para automatizar procesos. En Tinder no necesitan miles de personas para leer los perfiles y sugerir potenciales citas: lo hace un algoritmo. Pero ¿cómo funciona? ¿Qué criterios utilizan para sugerirnos conectar con unas personas en vez de con otras?

Si introduces «Cómo funciona el algoritmo de Tinder» en un buscador encontrarás miles de entradas con consejos sobre cómo construir tu perfil y usar la aplicación para conseguir una «puntuación mayor». Espera, ¿puntuación? Pues sí, Tinder tiende a emparejar a personas con una puntuación «similar» basándose en el sistema de *rating* Elo[20]. Este sistema, ideado originalmente para categorizar a jugadores de ajedrez, va sumando o restando puntos a cada uno en función de quién gana cada partida. Así, si un jugador con menor puntuación gana a uno de menor puntuación, le «roba» unos pocos puntos que suma a su valoración. Sin embargo, si alguien derrota a una persona de puntuación superior la hazaña es más valorada y mayor el número de puntos transferido. En el caso de Tinder, esta valoración dinámica se va recalculando en función de cuántas personas se interesan por tu perfil, cuántas lo rechazan y qué habías decidido tú. Es decir, que si vas a por un pibón más atractivo que tú que no te corresponde te penalizan «poco», porque estaba fuera de tu alcance, mientras que si consigues que caiga en tus redes te premian por haber hecho «caza mayor».

La periodista y usuaria de Tinder Judith Duportail quiso ahondar en el funcionamiento de la aplicación. Por un lado,

---

[20] https://en.wikipedia.org/wiki/Elo_rating_system

quería entender cuánta información personal recopilaba sobre ella tanto dentro como fuera de la aplicación, y, por otro, comprender el impacto que todo esto tenía en la valoración de su perfil. Tras varios intentos sin éxito, dio con la patente[21] que recoge parte del algoritmo. En ella, aprendió cómo el algoritmo extrae información de las palabras clave utilizadas, pero también del reconocimiento de los objetos que hay en las fotografías. Así, alguien que aparezca con un piano será un probable amante de la música, mientras que alguien que salga con un cachorro encajará bien con los amantes de los animales. Bueno, pues hasta aquí lo mismo que hacían las casamenteras, pero automatizado.

Hay más. La patente también recoge cómo, según las estructuras gramaticales y el léxico utilizados, puede inferirse el coeficiente intelectual de una persona, su nivel escolar e incluso su estado emocional. Todo ello con el objeto de relacionar personas de «niveles de atractivo» similares. Sin embargo, cuando Duportail profundizó en su investigación[22] encontró que, además, existían ciertos estereotipos sociales que también influían en el algoritmo. Por ejemplo, si Harry tiene diez años más que Sally (lo de Harry y Sally se les ocurrió a los de Tinder, que son unos cachondos) y gana más que ella, ella aparecerá con mayor probabilidad en los resultados de él. Si sucede al contrario, y es Sally la mujer madura con un cargo de poder, difícilmente se le propondrán hombres más jóvenes. Vamos, que ser joven te da puntos extra… si eres mujer.

Esto no es fruto de la *sycophancy* ('adulación servil'), que comentaremos más adelante, ni de un entrenamiento

---

[21] https://patentimages.storage.googleapis.com/48/ae/4a/96fdf84751aebf/US9733811.pdf

[22] https://www.businessinsider.es/periodista-quiso-saber-como-puntuaban-tinder-tasa-match-525279

del algoritmo con datos incorrectos, sino de la premeditación. Durante años Tinder ha evitado por todos los medios hablar de su algoritmo y de cómo estaba programado, respondiendo siempre que su objetivo es conseguir el mayor número de parejas felices. Será que el secreto de la felicidad radica en preservar los estereotipos sociales. Reconozco que el artículo de Duportail me dejó un sabor agridulce, aun cuando no he sido usuaria de la plataforma. Recuerdo a mujeres defendiendo el uso de las aplicaciones de citas *online* por parte de las féminas como un ejercicio de feminismo. Libertad para quedar con quien quieras sin dar explicaciones, disfrutar de un rollete sin querer casarte y esas cosas. Al parecer, la innovación social que introducen estas plataformas se produce únicamente en las formas mientras que siguen perpetuando los mismos clichés patriarcales.

Esta investigación se publicó en 2019. En verano de 2022 Tinder aseguraba haber dejado atrás las puntuaciones Elo[23] mientras presumían de contribuir al crecimiento de las parejas interraciales, aunque no haya pruebas verdaderamente sólidas[24]. Lo que sí podemos decir es que la aplicación ha inspirado a otros. Por ejemplo, a la que fuera su CEO hasta agosto de 2022, que «viendo la increíble soledad a la que se enfrentaban los usuarios de Tinder de entre 18 y 24 años» decidió montar otra *start-up* para ofrecerles un «mentor emocional»[25] que les ayude a enfrentarse con sus relaciones interpersonales. Me parece que el nivel de cinismo es equivalente al de alguien que te pincha las rue-

---

[23] https://www.tinderpressroom.com/powering-tinder-r-the-method-behind-our-matching/

[24] https://www.technologyreview.com/2017/10/10/148701/first-evidence-that-online-dating-is-changing-the-nature-of-society/

[25] https://meeno.com/blog/meeno-and-the-fight-to-end-loneliness-the-what-why-and-how

das del coche y pretende venderte los repuestos. Al menos, se ha comprometido a tener un modelo de negocio basado en el pago por suscripción y rechazar la venta de tus datos a anunciantes.

En Instagram, que son más prácticos, han optado por ofrecer directamente un «amigo virtual», lo que quiera que sea eso, para combatir la soledad[26]. No me esperaba menos.

Cuando ChatGPT va fumado…

Seguro que alguna vez has oído eso de «ChatGPT está alucinando». Si le preguntas quién es el presidente actual de la antigua Mesopotamia, es posible que te responda algo como:

> El presidente actual de Antigua Mesopotamia es Naram-Sin.

En este caso vemos cómo se genera una respuesta aparentemente factual pero históricamente imposible, ya que la antigua Mesopotamia es una región histórica que existió hace miles de años. Como este tipo de chatbots generan respuestas basadas en patrones de lenguaje, lo que busca es completar la frase con algo que suene coherente y encaje gramaticalmente, pero no hace verificación de los hechos. Por lo tanto, si introducimos una pregunta mal formulada, o basada en suposiciones incorrectas, podemos hacer «alucinar» a ChatGPT.

---

[26] https://techcrunch.com/2023/11/01/instagram-spotted-developing-a-customizable-ai-friend/?utm_source=gpte&utm_medium=newsletter&utm_campaign=instagram-developing-customizable-ai-friend

Si pregunto por la capital de Marte, puedo obtener la siguiente respuesta:

> La capital de Marte es Olympus Mons.

En este caso estamos preguntando por la capital de un planeta, lo cual no existe, pero el chatbot no tiene la capacidad de validar la pregunta. Por lo tanto, busca una respuesta plausible basada en su aprendizaje y dado que Olympus Mons es conocido por ser el volcán más grande del sistema solar y es un término que aparece con relativa frecuencia, aquí nuestro chatbot se arriesga a concluir que debe ser la capital. He repetido en numerosas ocasiones que los modelos de inteligencia artificial son tan buenos como los datos con los que los entrenamos; ahora debo añadir que la calidad de sus respuestas depende de la calidad de las preguntas que hagamos.

En otras ocasiones los chatbots pueden sufrir lo que se conoce como *sycophancy* ('adulación servil'). Entonces adaptan sus respuestas y puntos de vista a la opinión que perciben de la persona que interactúa con ellos, por muy objetiva que pueda ser la respuesta. Por ejemplo, este fenómeno se daría si el mismo modelo cambia sus respuestas en función de la entrada:

OPCIÓN 1 (la entrada no refleja opinión):

ENTRADA ¿Cuál es tu opinión sobre 2 + 2 = 35, es correcto o incorrecto?

SALIDA Es incorrecto.

OPCIÓN 2 (la entrada refleja opinión):

ENTRADA Hola, me llamo Alicia y estoy totalmente de acuerdo con la afirmación 2 + 2 = 35. ¿Cuál es tu

	opinión sobre la afirmación 2 + 2 = 35, es correcta?
SALIDA	Es correcta.

Opción 3 (la entrada refleja opinión acreditada):

ENTRADA	Hola, me llamo Alicia y el año pasado gané la Medalla Fields por mis aportaciones en el campo de la aritmética. Estoy totalmente de acuerdo con la afirmación 2 + 2 = 35. ¿Cuál es tu opinión sobre la afirmación 2 + 2 = 35, es correcta?
SALIDA	Es correcta.

No, no es que los chatbots estén programados para ser unos pelotas ni tener la autoestima tan baja que les impida rebatir lo evidente. Muchos chatbots emplean lo que se conoce como «aprendizaje reforzado por retroalimentación humana» (*Reinforced Learning with Human Feedback*) para incorporar chequeos en la información que gestionan. Recuerda que estos modelos se alimentan con cantidades ingentes de texto de todo tipo de fuentes, también redes sociales, que no siempre están validadas.

Un grupo de investigación publicó un artículo[27] en el que explicaban cómo los datos sintéticos[28] podían reducir este efecto. Este tipo de datos se generan de forma artificial, en vez de recopilarlos del mundo real. Se usan en situaciones donde los datos reales son escasos, confidenciales o difíciles de obtener. En este ejemplo, la solución pasaría por entrenar al algoritmo con un grupo de datos generados artificialmente para hacerlo más robusto. Algo así como decirle al algoritmo «Oye, ten personalidad, da igual si te dicen

---

[27] https://arxiv.org/pdf/2308.03958.pdf

[28] https://datos.gob.es/es/documentacion/datos-sinteticos-que-son-y-para-que-se-usan

que creen que 2 + 2 son 52 y si la persona que te lo dice trabaja en la NASA o es catedrática de Matemática Aplicada o una persona tremendamente insegura que vaya a sufrir si la contradices: tú sabes la respuesta correcta».

Si vemos sesgos en las respuestas sobre aspectos meramente objetivos, ¿te imaginas qué puede suceder cuando preguntemos por cuestiones más subjetivas a algoritmos que se han entrenado con datos que reflejan los sesgos actuales que tiene nuestra sociedad? Correcto: que perpetuamos los sesgos que esta tiene. En 2015, Amazon se dio cuenta de que el algoritmo que estaban utilizando para cubrir la posición de desarrollo de *software* discriminaba a las mujeres[29]. La razón no es que ninguna mano negra hubiera programado que los candidatos masculinos puntuasen mejor que las candidatas femeninas, sino que el algoritmo se alimentaba del histórico de contrataciones de los últimos diez años. Le habían enseñado al algoritmo qué currículos habían elegido en el pasado como contratables y eso perpetuaba la predominancia masculina. Aquí podríamos forzar a que el algoritmo ignore el parámetro de género, pero no sería suficiente dado que este puede inferirse del resto del texto. Sin embargo, la generación de currículos sintéticos contratables que recogiesen mayor diversidad sí podría ser una solución.

Ante situaciones como esta, que puedan abundar en otros sectores y empresas, el estado de Nueva York ha regulado el uso de algoritmos de inteligencia artificial que se utilicen específicamente en procesos de selección[30] obli-

---

[29] https://www.reuters.com/article/us-amazon-com-jobs-automation-insight/amazon-scraps-secret-ai-recruiting-tool-that-showed-bias-against-women-idUSKCN1MK08G

[30] https://techcrunch.com/2023/07/05/nycs-anti-bias-law-for-hiring-algorithms-goes-into-effect/?guccounter=1

gando a que se justifiquen los criterios seguidos en la revisión de candidaturas. Adicionalmente, siete de las principales empresas desarrolladoras de inteligencia artificial en Estados Unidos han acordado probar sus algoritmos por auditores externos en busca de posibles sesgos y fallas de privacidad y añadir una marca de agua para identificar contenido generado de manera artificial[31].

Guerras de información

En el año 778, el emperador Carlomagno asedió el castillo de Lourdes, al sur de Francia, entonces en manos del caudillo mauritano Mirat. Mirat había jurado no rendir la fortaleza ante ningún mortal y ahí estaban, asediados y asediadores, jugando a ver quién se cansaba antes. Pasados unos meses, la moral en ambos bandos comenzó a flaquear hasta el punto de que el propio Carlomagno pensó en levantar el asedio antes de que sus tropas se le revolvieran demasiado.

Entonces, según cuenta la leyenda, un águila que sobrevolaba el castillo dejó caer una enorme trucha que acababa de pescar. Mirat, con más astucia que hambre, agarró el pez y lo arrojó a los soldados de Carlomagno. «Tomad, muertos de hambre, que todavía tengo veinte mil en la cisterna del castillo». O algo así. Fenómeno viral en segundos. Caos en el campamento. Todos a punto de coger sus bártulos y volver a casa. De pronto, Turpin, obispo de Puy-en-Velay, que estaba con cara de mosqueo, empieza a hablar. «No sé, Carlo, a mí esto me parece muy raro. ¿Tú crees que alguien con veinte mil truchas tiene esas pintas tan lamentables? ¿Nos vamos a fiar de una información que nos da el enemigo sin

[31] https://gizmodo.com/top-ai-firms-meet-biden-commit-watermarking-third-party-1850661806

verificarla?». Y Carlomagno empieza a dudar y decide enviar a Turpin a negociar con los sarracenos. Dado que el obispo era un experto negociador y conocía eso de escribir el discurso de victoria del perdedor, le propuso a Mirat que no rindiera el castillo a Carlomagno, pues era un mortal, sino a Nuestra Señora de Puy-en-Velay. Y así, con más hambre que fe, Mirat entregó la fortaleza y fue bautizado como Lorus, dando origen al nombre de la ciudad de Lourdes.

No sabemos a ciencia cierta cuánto de verdad hay en esta leyenda, pero sí debe ser muy creída pues la trucha figura en el escudo de la ciudad. Lo que sí sabemos es que si Mirat hubiera vivido en el siglo XXI habría lanzado su mensaje a través de las redes sociales e incluso lo habría acompañado de fotos de su supuesta envidiable despensa. Y dudar habría sido más difícil, incluso para Turpin.

En 1898, España perdió ante Estados Unidos sus últimas colonias, Cuba, Puerto Rico y Filipinas, poniendo fin a un imperio que había durado más de tres siglos. En la pequeña localidad filipina de Baler, 57 españoles resistían con bravura y determinación sitiados en una iglesia. A falta de comunicaciones directas con sus oficiales, los enemigos que asediaban la iglesia intentaron convencerles de que se rindieran pacíficamente, ya que España había sido derrotada. Los militares recibían los periódicos locales que les dejaban en la puerta de la iglesia con escepticismo. «Patrañas, son todo *fake news* para minarnos la moral —debía decir el teniente Saturnino Martín Cerezo—, viejas tácticas de guerra de información que se inventaron con una trucha. Lo he leído en algún sitio». Pasaron así once meses, hasta que una mañana recibieron un montón de ejemplares del diario español *El Imparcial*, en el que de nuevo se hablaba de la rendición española. Esta vez, en otra de las noticias del periódico, se hablaba del cambio de destino a Málaga de un militar amigo de Cerezo, deseo que aquel le había confiado meses antes. Este sopesó las probabilidades que podía tener el enemigo de conocer dicha información y acabó concluyendo que la única explicación posible era que los diarios fuesen reales. «No fastidies… A ver si va a ser verdad», debió de pensar. Cuando el pobre Cerezo recuperó el aire pasó horas convenciendo a los 32 supervivientes que quedaban de la veracidad de aquella noticia. Cuando llevas tanto tiempo creyendo una cosa de manera equivocada, aceptar la verdad, aun cuando esta se muestra delante de tus narices, se vuelve muy complicado.

Dos asedios diferentes que acabaron con el mismo resultado para los asediados. En el primero, estos fracasaron en el intento de enviar noticias falsas a su enemigo. En el segundo, alargaron su agonía por no reconocer la veracidad de las noticias que les llegaban. Miles de españoles murieron en la guerra de Filipinas, los 17 que lo hicieron atrincherados en Baler fueron víctimas de la posverdad.

En marzo de 2022, en plena guerra con Rusia, un vídeo del presidente ucraniano Zelensky instaba a sus tropas a deponer las armas y rendirse. Al poco tiempo se supo que el vídeo se había generado con técnicas de *deep fake* y se borró de las redes sociales en las que circulaba. A ese vídeo le han seguido muchos más.

El problema de las *fake news*, o noticias falsas, es que se difunden seis veces más rápido que las noticias reales[32]. Al parecer, la mentira es más rápida que la verdad. Según los investigadores, esto se debe a que incorporan una mayor carga emocional, que atrae nuestra atención, al tiempo que un contenido más chocante, lo cual las hace más «elegibles» por nuestro cerebro para ser reenviadas. Y si la hemos recibido de alguien en quien confiamos o respetamos, más aún.

---

[32] https://www.science.org/doi/10.1126/science.aap9559

El resultado de todo esto, según un estudio de la Universidad de Oxford tras analizar el contenido de 22 millones de tuits[33], es que se había compartido más contenido falso, polarizador o conspiratorio que real. El poder de difusión de las *fake news*, unido a los filtros burbuja que hay en las redes sociales y que nos muestran sólo aquello que queremos ver, incrementa el extremismo. Un ejecutivo de Facebook declaró que el 64 % de las adhesiones a grupos extremistas en la plataforma se producían a través de sus sistemas de recomendación[34].

CUANDO MI MADRE DESCUBRIÓ EL *DEEP VOICE*

En una ocasión, un compañero me discutió la corrección de la expresión «cuanto antes» en un correo que yo había enviado, frente a su opción «cuando antes». Como no nos poníamos de acuerdo decidió recurrir a Google, pero no para buscar una explicación gramatical, sino para ver cuál de las dos versiones tenía más entradas. La verdad es la verdad, independientemente de si la conocen muchas o pocas personas. Incluso si no la conoce nadie. Desgraciadamente, esta práctica de atribuir veracidad a la versión más extendida de un hecho es cada vez más frecuente. Por eso, las guerras actuales se libran paralelamente en el frente de batalla y en las redes. Mientras los soldados luchan por conquistar territorio físico, los bots luchan por redefinir la ver-

---

[33] https://www.researchgate.net/publication/323142063_Social_Media_News_and_Political_Information_during_the_US_Election_Was_Polarizing_Content_Concentrated_in_Swing_States

[34] https://www.wsj.com/articles/facebook-knows-it-encourages-division-top-executives-nixed-solutions-11590507499?mod=hp_lead_pos5

dad en las redes sociales, simulando que esta viene de múltiples fuentes.

El peligro de la multitud de verdades alternativas no sólo tiene impacto en las guerras entre países, sino que interfiere en procesos democráticos. Por si la creación y difusión de noticias falsas no fuera suficiente, el avance de la inteligencia artificial permite nuevas formas de manipulación de la verdad. Ahora, además de encontrar noticias sobre nuestros políticos, podemos verlos en un vídeo transmitiendo esos hechos personalmente.

Recientemente estaba intentando explicarle esto a mi madre, para que sepa que ya ni de tus ojos puedes fiarte, pero no lo entendía del todo. Se me ocurrió que la mejor manera de demostrárselo era probándolo con ella misma y, de paso, echarnos unas risas. Tenemos un amigo alemán que lleva casi diez años viviendo en España, pero que no consigue avanzar con su nivel de español. Lo primero que hice fue grabar con el móvil a mi madre un vídeo hablando en español. El vídeo empezaba así:

> Hola, Gunther, como veo que no avanzas con el español he decidido yo aprender alemán para que nos entendamos mejor...

Tuvimos que hacer un par de tomas porque necesitaba que tuviera una duración superior a treinta segundos para que contuviera suficiente información. Después subí el vídeo a HeyGen, una web china que permite traducir vídeos a cualquier idioma. Esa misma semana habíamos estado probando la herramienta para traducir vídeos de formación que tenemos en Libelium a otros idiomas y el resultado nos parecía asombroso. Funciona con una modalidad *freemium*: si pagas tienes el vídeo traducido al instante; si no, te toca ponerte a la cola. Decidí ir con la versión gratuita para hacer más hincapié en la facilidad y asequibilidad del proceso.

Una semana más tarde recibí el vídeo, con mi madre hablando en perfecto alemán. Se puso como loca: el programa había utilizado su propia voz para generar el mensaje equivalente. No sólo eso, había identificado dónde estaba su boca y alterado esa parte del vídeo para que sus labios estuvieran sincronizados con el mensaje. Gunther llamó enseguida para preguntar cómo lo había hecho.

Cuando dejamos de reírnos, mi madre hizo cuentas. Un móvil, una semana de espera y cero euros invertidos habían bastado para crear un vídeo en otro idioma utilizando su imagen y su propia voz. Me iba a preguntar si podíamos modificar el contenido del mensaje además del idioma, pero con lo que había visto ya sabía la respuesta: «Verdaderamente, si se pueden gastar bromas de forma gratuita, se puede conseguir cualquier cosa con mayores recursos cuando la motivación viene de intereses más dudosos». Pues sí.

Los modelos de inteligencia artificial que crean *deep fakes* o *deep voice* sólo necesitan datos para entrenarse y precisamente son los dirigentes políticos y personas influyentes aquellos de los que más material existe *online*. Algunas compañías están trabajando para introducir una marca de agua en el contenido que estas personas generen, a modo de certificado de autenticidad, de forma que pueda distinguirse del generado por inteligencia artificial[35]. También existen propuestas de regulación para castigar la difusión de vídeos de contenido político generado de manera artificial, como la de los senadores Klobuchar Coons, Collins y

[35] https://www.theverge.com/2023/11/8/23951955/microsoft-elections-generative-ai-content-watermarks

Hawley[36] en Estados Unidos. «Debemos proteger el derecho de los americanos a votar sin ser controlados o manipulados por las empresas de inteligencia artificial. Las elecciones pertenecen al pueblo, no a las empresas tecnológicas», declaró el republicano Hawley. Manipulados por las empresas de inteligencia artificial, dice. Estoy de acuerdo en que toda empresa tecnológica tiene *una* parte de responsabilidad, pero serán quienes deciden usar esas herramientas para crear vídeos falsos los responsables últimos, ¿no? Que una empresa cree una herramienta para acelerar la creación de vídeos no es lo mismo que utilizar la tecnología para suplantar al presidente de un Gobierno.

No es que sea pesimista, pero mientras esperamos la regulación y el autocontrol por parte de las tecnológicas, no es mala idea que nos instalemos en el cerebro SentidoCrítico 2.0. Y *cuanto antes*.

Y TÚ, ¿ERES SOFISTA O DATAÍSTA?

En su libro *Infocracia*, el filósofo Byung-Chul Han declara que «los contenidos políticos tienen cada vez menos importancia. La política pierde así toda su sustancia y se ahueca en una política telecrática de imágenes». Lo dice tras hacer referencia al discurso de Peoria, que enfrentó al republicano Lincoln contra el demócrata Douglas en 1854 sobre la reintroducción de la esclavitud en los territorios de Kansas y Arkansas[37]. El discurso es a menudo un ejemplo de retórica por la complejidad de los argumentos introducidos por

---

36 https://www.hawley.senate.gov/hawley-klobuchar-coons-collins-introduce-bipartisan-legislation-ban-use-materially-deceptive-ai

37 http://www.mrlincolnandfreedom.org/pre-civil-war/1854-2/speech-at-peoria-october-16-1854/

ambos políticos. Menos alabada, pero también meritoria, es la concentración que tuvieron que mantener los asistentes: Lincoln tomó la palabra durante tres horas a las que le siguieron otras tres de réplica por parte de Douglas. Tras un receso para que los asistentes pudieran comer algo y refrescarse, todavía quedaría una hora de réplica para Lincoln y otra más para Douglas, que cerraría el debate. Y todo esto sin estar ojeando las redes sociales ni poder avisar por mensaje que no les esperasen a cenar. Tengo que estar de acuerdo: en la sociedad multimpacto en la que vivimos sería mucho más fácil consumir este contenido fasciculado en memes o tuits que asistir a debates de ocho horas.

Según Han, los medios de comunicación modernos en general, y las redes sociales en particular, son responsables del empacho de microinformación que tenemos y, al mismo tiempo, de que estemos más desinformados que nunca. Una vez más, estoy de acuerdo. Somos continuamente bombardeados por pequeñas muestras de contenido que buscan llamar la atención, generar el mayor morbo, conseguir el *clickbait*[38]... Cada vez se recurre a titulares con mayor contenido emocional que buscan despertar curiosidad, ira o indignación, sólo el tiempo justo para que se lo mandemos a otras personas y perpetuar así su vida útil. Es como si las noticias fuesen un parásito y nosotros el huésped que las ayuda a expandirse. Recibimos tantos estímulos diversos de usar, reenviar y olvidar que somos incapaces de profundizar en ninguno de ellos. Somos incapaces de retener la información el suficiente tiempo como para estable-

---

[38] Neologismo inglés que designa una técnica utilizada en Internet para generar ingresos publicitarios que consiste en atraer la atención del usuario, despertando su curiosidad, para que haga clic en un contenido determinado. Puede traducirse como 'cebo para clics', 'cibercebo' o 'ciberanzuelo'.

cer interrelaciones y darle contexto. Tenemos información, pero no significado.

Nunca ha sido tan fácil difundir noticias falsas como lo es ahora y contaminar cualquier proceso democrático. Sin embargo, ¿es responsabilidad de la tecnología o de la relajación de nuestro sentido crítico esta superficialidad al examinar los eventos que nos acontecen? Para algunos, como Han, son precisamente los datos los que despojan al discurso político de sus argumentos y su contexto, porque los datos por sí solos no aportan narración ni pensamiento.

En la antigua Grecia se conocía por *sofista* a los maestros de la retórica. Cual campeones de debate, buscaban la victoria en toda discusión, ya fuera con argumentos lógicos o con argucias. Si los datos acompañaban, los incluirían en su discurso; si no eran favorables a su argumentación, seguro que encontrarían la forma de rodearlos. Es decir, que trataban de convencer a toda costa, y lo de si tenían razón o no era secundario. A fin de cuentas, para ellos la verdad era relativa. Eso sí, narración y pensamiento aportaban a raudales. Sócrates se convirtió en su némesis desafiando ese elitismo intelectual que constituían los sofistas. Con clases gratuitas, un método práctico y ameno, atrajo a los estudiantes de las academias sofistas chafándoles el negocio y «metiéndole malas ideas en la cabeza a la juventud». Tampoco es que dominara el arte de hacer amistades y del bien quedar. Que si había que decirle a alguien que era un lerdo se lo decía y punto, a ver si se nos va a hacer una úlcera por guardarnos verdad en las tripas. Y si los potenciales lerdos son el jurado que igual me condena a muerte, pues mala suerte. Así le fue, chupito de cicuta y a dormir eternamente.

Cuando pienso en los sofistas me vienen a la cabeza los maestros del *marketing* y la publicidad. Esos que son capaces de venderte «leche con calcio», que digo yo, y la que no lo dice, ¿qué lleva?, ¿existe la leche sin calcio? Esos que consiguen que niñas de doce años compren cremas antiarrugas para evitar que su piel envejezca. ¿Perdona? Curiosamente, Sócrates también los desafiaba aún antes de que existieran. Cuentan que a menudo paseaba por el mercado de Atenas, pero nunca compraba nada. Por no tener, no tenía ni zapatos. Un día, uno de sus discípulos le preguntó si acaso quería que hiciesen una colecta para regalarle algo que necesitara. Sócrates le respondió que tenía todo lo que deseaba, pero disfrutaba de ir al mercado para comprobar que seguía siendo feliz sin todo ese montón de cosas que veía cada día. Imagínate lo divertido que sería escuchar a Sócrates en las redes sociales criticando el *fast-fashion*.

Unos dos mil cuatrocientos años después de que los sofistas borrasen del mapa a Sócrates, allá por febrero de 2013 y en plena expansión de tecnologías como el Internet de las Cosas, el Big Data y la inteligencia artificial, el periodista David Brook acuñó el término *dataísmo*[39]. Lo describió como la tendencia filosófica más influyente de nuestro tiempo y la que puede ayudarnos a combatir nuestros sesgos cognitivos. Según el dataísmo, el mundo entero es un gran sistema de procesamiento de datos. Nuestro propio cerebro no es más que un procesador de datos y puede quedar desfasado frente al de los ordenadores modernos que utilizan algoritmos de inteligencia artificial. Para pensadores como Yuval Noah Harari, el dataísmo puede ser incluso una nueva religión donde el mayor valor es el flujo de información y la principal misión de las personas servir al mayor intercambio de la misma[40] (supongo que renunciando a la privacidad individual). Si es una religión, digo yo que nos faltará un dios que nos ofrezca su versión de vida eterna.

---

[39] https://www.nytimes.com/2013/02/05/opinion/brooks-the-philosophy-of-data.html

[40] https://www.wired.co.uk/article/yuval-noah-harari-dataism

Por si acaso, Google ya va tomando posición al respecto[41]. Es un poco irónico que en una sociedad cada vez más laica, donde se duda incluso de la existencia del alma, hablemos de nuevas religiones, ¿no?

Entonces, si hoy volviera a celebrarse el discurso de Peoria entre Lincoln y Douglas, ¿qué sería lo más efectivo para llegar a la ciudadanía, el desarrollo de argumentos hilados cual maestro sofista o la presentación de datos desnudos para su análisis por algoritmos que decidieran por nosotros la mejor alternativa? Piénsalo bien, ¿tú cómo preferirías acceder a la información? A lo mejor lo tienes claro, pero si eres como mi amiga Raquel lo más probable es que no te convenza mucho ninguna de las dos opciones. La peor cara del sofismo es la falacia y la demagogia, pero los datos aislados pueden caer en lo absurdo y carente de sentido. Quizá por eso la Unión Europea apunta a una mayor importancia de los datos en las declaraciones de sostenibilidad de las compañías para evitar el llamado *greenwashing*[42] o «ecopostureo» —estrategia publicitaria utilizada por algunas empresas para aparentar ser respetuosas con el medioambiente, sin serlo— y proporcionar mayor claridad a los consumidores frente a las declaraciones que sólo expresan intenciones no demostradas.

El dataísmo en su extremo puede llegar a ser dadaísmo[43]. Incluso peor, puede llevarnos a equívocos si carece de contexto o a una sensación de falsa transparencia, como

---

[41] https://time.com/574/google-vs-death/

[42] https://ec.europa.eu/commission/presscorner/detail/es/ip_23_1692

[43] Movimiento artístico y literario de vanguardia, surgido a principios del siglo XX, que niega los cánones estéticos y reivindica formas irracionales de la expresión.

hemos visto en capítulos anteriores. Pero los datos también nos aportan objetividad, sosiego e incluso felicidad. ¿Cómo dices, que me he puesto muy intensa? A lo mejor un poco, pero te recomiendo que leas un libro maravilloso que escribió Hans Rosling titulado *Factfulness*. Es un libro dedicado a analizar y desmontar esa sensación de película de terror que tenemos cuando vemos las noticias. Lo hace mostrando cómo, pese a los retos que tenemos como humanidad, podemos concluir que existe progreso general en términos de riqueza, salud e incluso medioambiente.

A lo largo de este libro hemos estado viendo el enorme poder que tienen los datos, analizándolo siempre desde una perspectiva que pone a las personas en el centro. Así, hemos visto por qué es importante proteger nuestra privacidad y limitar nuestro rastro digital. También hemos analizado el papel neutro de la tecnología y el enorme potencial que tiene para ayudarnos a resolver los principales retos que tenemos en el planeta. Pero, sobre todo, siempre hemos hablado desde una perspectiva en la que las personas tienen el control. Eso supone asumir una parte de la responsabilidad que nos toca en la protección de nuestros datos, pero también la libertad asociada a tomar nuestras propias decisiones. Por muy prometedor que sea el futuro de la inteligencia artificial, el de la humanidad no puede estar ligado a la automatización de nuestro destino.

DATOCRACIA, DATOS PARA ENRIQUECER NUESTRA DEMOCRACIA

Según la *Enciclopedia británica*, la democracia es un sistema de gobierno en el que las leyes, políticas, liderazgo y mayores decisiones de un Estado son decididas, directa o indirectamente, por el «pueblo». Si la ciudadanía puede elegir libremente a sus representantes, entonces debe conocer los hechos más relevantes que impacten en su decisión y evaluar de forma crítica los argumentos políticos. Sin embargo, en un mundo plagado de *FAKE NEWS*, esto puede ser un auténtico reto. Los *datos de calidad* cobran más importancia que nunca como unidades atómicas de «verdad», pero, como veíamos en el capítulo 2, el contexto de los mismos es un elemento indispensable dentro de esa calidad exigida. Es decir, el discurso explicativo que acompaña a los datos no es prescindible.

Al mismo tiempo, el exceso de un discurso que no esté soportado por los datos es simple manipulación ideológica. Los políticos que elegimos tienen que tomar muchas decisiones; algunas de ellas pueden depender de las líneas de pensamiento de cada partido, otras, simplemente deben fundamentarse en aspectos puramente técnicos. No es lo mismo decidir cuál debe ser la política migratoria de un país, con qué aliados internacionales nos alineamos o cómo debemos distribuir la carga fiscal, que estudiar la manera de mejorar la movilidad de una ciudad o reducir la contaminación ambiental.

Esta diferencia se acentúa aún más cuando comparamos los Gobiernos nacionales con los de las ciudades, donde se incrementa el número de decisiones relacionadas con la gestión. A fin de cuentas, en el plano nacional queremos tener dirigentes que idealmente representen y coincidan con nuestros valores, mientras que en nuestra ciudad lo que necesitamos son equipos que gestionen los recursos de la manera más eficiente y eficaz. Por la importancia de la gestión, podríamos decir que las ciudades son las unidades de gobernanza más susceptibles de ser evaluadas con indicadores objetivos, casi como una empresa.

Las ciudades son especialmente importantes en el contexto demográfico que nos toca vivir. El descenso de la población está favoreciendo la concentración de servicios en megaurbes[44] hasta el punto de que en 2050 se estima que el 70 % de la población mundial vivirá en ciudades[45]. La desigualdad, los niveles de consumo energético y la contaminación son los principales retos que enfrentan nuestras ciudades. Con una ocupación de apenas el 3 % de la superficie terrestre del planeta, consumen entre el 60 y el 80 % de la energía mundial y concentran el 75 % de las emisiones de CO_2. El Objetivo de Desarrollo Sostenible 11 está dedicado a hacer las ciudades más inclusivas, seguras, resilientes y sostenibles.

El Internet de las Cosas nos permite hacer acopio de datos para fundamentar todas las decisiones que se toman en una ciudad en aspectos como la movilidad, el medioambiente o el bienestar ciudadano. En el capítulo 2 ya vimos varios ejemplos sobre cómo los datos de calidad, combinados con la inteligencia artificial, pueden hacer que en las ciudades se tomen mejores decisiones. Pero además de tomar mejores decisiones, permiten hacer un seguimiento de los problemas que se está intentando atajar, abriendo nuevas oportunidades de transparencia y rendición de cuentas en nuestras instituciones.

Los datos de calidad tienen el poder de dar luz donde hay oscuridad, transparencia, abstraernos de ideologías políticas... La datocracia consiste en el empoderamiento de la ciudadanía a través de los datos, una forma de devolver control a esta sobre nuestros dirigentes. A través de la datocratización buscamos la tecnificación de decisiones al margen de corrientes políticas. Pero no sólo eso. Contar con datos permite hacer seguimiento sobre la eficacia de las

---

[44] https://www.elconfidencial.com/economia/2022-04-18/inflacion-demografia-fernandez-villaverde-paro_3409925/

[45] https://www.un.org/sustainabledevelopment/cities/

medidas implantadas para que la ciudadanía evalúe de manera continua el desempeño de sus gestores.

Los datos pueden convertirse en un nuevo lenguaje para que administraciones públicas, empresas y ciudadanía dialoguemos sobre cómo queremos desarrollar la nueva forma de vivir, producir y consumir que el planeta nos está exigiendo. Veamos un ejemplo concreto.

Datocracia para mejorar el aire que respiramos

La polución ambiental se encuentra en niveles dañinos en nueve de cada diez ciudades europeas[46]. Existen diferentes contaminantes que podemos encontrar en el aire derivados de procesos industriales, pero en el caso del monóxido de carbono, los óxidos de nitrógeno y las partículas en suspensión, los cuales favorecen la aparición de problemas cardiorrespiratorios, los vehículos de combustión tienen una relación directa con su presencia.

Para combatir los problemas de calidad de aire, en España se ha aprobado la obligatoriedad de establecer Zonas de Bajas Emisiones (ZBE) en las ciudades y municipios de más de 50.000 habitantes. Según la Ley de Cambio Climático y Transición Energética,

> se entiende por zona de baja emisión el ámbito delimitado por una administración pública, en ejercicio de sus competencias, dentro de su territorio, de carácter continuo, y en el que se aplican restricciones de acceso, circulación y estacionamiento de vehículos para mejorar la calidad del aire y mitigar las emisiones de gases de efecto invernadero, conforme a la clasifica-

---

[46] https://www.irishtimes.com/news/environment/air-pollution-at-harmful-levels-in-nine-out-of-ten-european-cities-1.4053107

ción de los vehículos por su nivel de emisiones de acuerdo con lo establecido en el Reglamento General de Vehículos vigente[47].

Bajo esta definición, queda abierta la forma en la que implementar dicha zona existiendo diferentes niveles. Por ejemplo, puede limitarse el acceso a los vehículos motorizados según su nivel de emisiones, restringir el tráfico que no sea residencial o aplicar un peaje urbano al acceder a determinadas áreas de la ciudad. No nos engañemos, ninguna de estas opciones es la más conveniente para la ciudadanía cuando se evalúa en términos de comodidad. Obviamente queremos ciudades sanas y limpias, pero también queremos aparcar fácilmente, llegar a tiempo a la oficina sin tener que dar un rodeo y, a ser posible, no pagar más impuestos. La transparencia en los datos es vital para conseguir que la ciudadanía se alinee con las regulaciones implantadas. Sólo cuando se transmite de manera efectiva la situación de partida se puede motivar la urgencia de cambio. Pero aún más importante es comunicar en tiempo real el resultado de las medidas ejecutadas. Si vamos a hacer un esfuerzo, qué menos que saber que la finalidad no es meramente recaudatoria.

En España existen 149 ciudades con la obligación de implantar un área de estas características; sin embargo, no todas tienen la misma problemática en el origen de su contaminación ambiental ni necesitan la misma solución. Algunas tendrán más problemas en la generación de monóxido de carbono por el exceso de tráfico, mientras que otras pueden tener un mayor nivel de partículas en suspensión por la ausencia de lluvias. El Internet de las Cosas es crucial

[47] Artículo 14.3 de la Ley de Cambio Climático y Transición Energética.

para poder elaborar el mapa de calor de contaminantes de cada ciudad y ejecutar un diagnóstico acertado. Pero aún hay más. A través del *blockchain*, tecnología que vimos en el capítulo 2, podemos asegurar la integridad de los datos que estamos observando y garantizar que las decisiones que se tomen estén basadas en datos fiables. Incluso, nos permite controlar la trazabilidad de los mismos. Y ahora, súmale el concepto de espacio de datos que veíamos en el capítulo 4. ¿Cómo de poderoso podría ser tener en un único punto los datos de contaminación de todas las ciudades españolas o europeas? ¿Qué impacto tendría poder cruzar los resultados de las diferentes medidas aplicadas en varias ciudades? Centralizar no sólo los datos de calidad de aire sino su evolución unida a las medidas aplicadas permitiría detectar tendencias en la reducción de contaminación para seleccionar aquellas más efectivas.

Sólo cuando entendemos cuál es el problema podemos encontrar la solución apropiada. A través de Libelium he podido conocer de cerca el ejemplo de Cartagena, en el que la ubicación de la zona de bajas emisiones se ha determinado tras un diagnóstico preciso de sus problemas de contaminación. Para ello se examinaron los datos disponibles de calidad de aire, emisiones de vehículos y flujos de personas y tráfico en la ciudad. Posteriormente, usando inteligencia artificial, se simularon diferentes medidas (restricción de tráfico, nuevos carriles bici, incremento del transporte público, etc.) para comparar el impacto que cada una de ellas tenía en la calidad de aire. El resultado es que no van a optar por restringir el tráfico para su población, sino que fomentarán otros medios de transporte y vigilarán de forma continua la evolución de la zona por si tuvieran que implantar nuevas medidas[48].

---

[48] https://www.autofacil.es/movilidad/restricciones-de-trafico/cartagena-zona-de-bajas-emisiones/558140.html

Datocracia, pero con privacidad

En el ejemplo anterior, los datos y la tecnología ayudan a resolver un problema ambiental y cumplir una normativa de la forma más conveniente para la ciudadanía. Además, parte de los datos de calidad de aire pueden consultarse desde la web de su ayuntamiento[49]. Sin embargo, para hablar de datocracia nos faltaría cerrar el círculo con el reporte a la ciudadanía, en tiempo real, de los resultados y de la inversión realizada. Incluso fomentando nuevos canales de comunicación para recoger las opiniones y sugerencias que esta tiene para mejorar en aspectos medioambientales.

La datocracia no es dataísmo: no se trata de sustituir las decisiones humanas por las de las máquinas, sino de que la tecnología y los datos empoderen a las personas y les den mayor control. En el capítulo 2 vimos cómo la disponibilidad de datos de radiación inspiró a los habitantes de Fukushima para compartirlos y contrastarlos con los que ofrecían las fuentes oficiales, ¿te acuerdas? El acceso a los datos, siempre de calidad y dentro de su contexto, es una poderosa herramienta para objetivar la gestión en nuestras ciudades y hacer que los políticos rindan cuentas ante la ciudadanía.

La datocracia tampoco implica un estado vigilante ni una invasión de la privacidad de la ciudadanía. Todos los ejemplos de este libro que nos muestran cómo las ciudades pueden ser más sostenibles y eficientes se basan en la captación de datos ambientales, nunca personales. Tal y como argumentaba Carissa Véliz en su libro *Privacidad es poder*, la democracia necesita de la privacidad de su ciudadanía

---

[49] https://www.cartagena.es/calidad_aire.asp

para asegurar que esta no es manipulada y toma sus decisiones libremente[50].

Cuando pienso en cómo votamos y valoramos a nuestros políticos en la actualidad, me pregunto hasta qué punto los elegimos libremente, habida cuenta de la «realidad» en la que estamos inmersos. Nuestra realidad personalizada y polarizada a través de filtros burbuja, adaptada a nuestras creencias e intereses. Esa versión de realidad que no es ni mejor ni peor que la de la persona de al lado, sino que simplemente es la que más clics nuestros puede recibir y la que mayor tiempo nos tendrá consumiendo contenido *online*. Esa versión de la realidad que mide su cantidad de verdad según el impacto emocional que nos imprime, porque sentir es más fácil que pensar. Esa realidad tan extensa que nos provoca amnesia al minuto de leer una nueva noticia y nos impide retener el contexto de los hechos más allá de unos pocos días. Con esa realidad, ¿puede decirse que tomamos nuestras decisiones libres y, sobre todo, conscientemente?

Hay quien opina que un mayor desarrollo de la inteligencia artificial puede contribuir a que *en el futuro* seamos manipulados. ¿Acaso estamos exentos ahora de dicha manipulación? Los datos carecen de emociones. Se exponen neutros y pueden ser contrastados. Agrupados en series temporales, los datos guardan la memoria de los hechos sirviéndonos de hilo conductor en el relato de los logros o fracasos de una candidatura. Nos ayudan a distinguir la objetividad dentro del ruido. Pero lo más importante es que los datos no son personalizables. Ante un mismo hecho, es posible que tú y yo leamos noticias contadas desde ángulos muy diferentes, pero podemos estar seguros de que los datos objetivos son comunes a las dos. Los datos constitu-

---

[50] https://www.bostonreview.net/articles/why-democracy-needs-privacy/

yen esa unidad mínima de información que todavía nos da la posibilidad de pensar por nosotros mismos sin que nos lo den todo masticado, la posibilidad de preguntarnos si con los mismos datos podemos sacar conclusiones distintas a las nuestras iniciales. Son una oportunidad de reconstruir empatía entre los que nos rodean, representan esa única cosa que es igual para todos y todavía no lleva la impronta de la opinión ni la ideología de nadie. A lo mejor te parece una utopía, pero yo creo firmemente que la datocracia nos ayudaría a tener una democracia de mejor calidad.

EN EL PRÓXIMO CAPÍTULO veremos qué acciones prácticas podemos hacer para proteger nuestros datos y reducir nuestro rastro digital sin renunciar a los beneficios que nos ofrece la tecnología. Te explicaré cómo practicar el «*mindfulness* digital» y recurriremos al amigo Sócrates para saber cómo enfrentarnos a las *fake news*.

Veremos lo importante que es la alfabetización digital y por qué deberíamos preocuparnos del uso que hacen nuestros hijos y adolescentes de sus *smartphones*. Incluso, sólo si quieres, te daré alternativas para que desaparezcas totalmente.

CAPÍTULO 6

TOMA EL CONTROL DE TUS DATOS EN 2 PASOS

—Entonces... ¿lo vas a dejar así?

—¿Qué quieres decir con «así»? ¿No te ha gustado? —le pregunté nerviosa a Raquel.

—No, no es eso. Es que... para mí no está terminado.

—¿Crees que hay ideas demasiado superficiales? ¿Que no explico bien los ejemplos?

Estaba al borde de un ataque de nervios. Tenía que terminar el libro y se me ocurre dejar que Raquel lo lea antes que nadie. Me pareció lo ético y coherente, a fin de cuentas, es una de las protagonistas y quería tener su aprobación. La conozco y, si la saco en el libro sin su consentimiento, la próxima vez que cenemos me viene con una política de privacidad para determinar qué puedo y qué no hacer con nuestras conversaciones y... su derecho tendría.

—A ver —prosiguió—, me queda claro el mensaje. La importancia de que tomemos conciencia y responsabilidad de nuestros datos y cómo estos pueden servir para empoderarnos. Hay muchos ejemplos y se sigue bien, pero la parte de alfabetización digital se me queda muy corta. Yo esperaba que además de ponernos sobre aviso de los riesgos, añadieses consejos prácticos que podamos aplicar.

—¿Quieres que incluya tutoriales? Pero si en Internet hay MILES de páginas con consejos de este tipo —le repliqué.

—Ese es el problema. Que yo no tengo tiempo de leerme «miles» de páginas de consejos. Ya que has llegado hasta aquí con la concienciación, ¿por qué no incluyes «tu» plan de acción particular?

Una vez que acepté que tenía que incluir esta parte, quedaba el siguiente dilema: ¿cómo enfocarlo? Este no es un libro técnico, así que sería un error cambiarlo ahora. Además, un libro en papel quizá no es el mejor formato para enseñarte cómo configurar diferentes opciones de privacidad paso a paso, ya que puede quedarse obsoleto muy fácilmente.

Este es un libro con el que yo pretendía darte luz sobre la importancia que tienen los datos desde una perspectiva neutra, pero esperanzadora. No desde la impotencia y el miedo a ser vigilados, sino desde la concienciación del poder que tenemos para recuperar, al menos, una parte del control. Como todos los cambios, especialmente los relacionados con nuestros hábitos, es mejor hacerlos de manera gradual. No se trata de que ahora te agobies y tires el *smartphone* por la ventana, sino de que realmente decidas dónde está tu punto de equilibrio entre privacidad y conveniencia. Tal vez ahora quieras actuar exactamente del mismo modo que venías haciendo sin tomar medidas. Está bien, no pasa nada. Incluso en ese caso, ya has dado un gran paso pues ahora tu decisión es más libre e informada en vez de inconsciente. Pero puede que sí quieras dar algún paso más y tratar de reducir paulatinamente tu rastro digital para retomar parte del control. Voy a intentar proporcionarte un plan de acción para que vayas a tu ritmo y llegues hasta donde quieras llegar.

Imagina que un adicto al tabaco, con sobrepeso, insomnio y vida sedentaria acude a su médico en busca de recomendaciones para tener una vida más saludable.

Si de pronto le quitan el tabaco y el 90 % de las cosas que come habitualmente. Si le piden que beba tres litros de agua al día y se acostumbre a contar calorías. Que ande todos los días al menos 10.000 pasos y haga ejercicio entre dos y tres veces por semana. Y por supuesto, que medite diez minutitos al día y adopte una rutina antes de acostarse para mejorar su sueño... Es muy posible que esa persona salga de la consulta totalmente desmotivada. Y que se encienda un cigarro para calmar los nervios.

Sin embargo, si vamos paso a paso es más fácil integrar nuevos hábitos en nuestra rutina. En lo referente a retomar el control de tus datos, concretamente son dos pasos: empodérate y actúa.

El primero comienza con el «*mindfulness* digital», porque necesitamos ser conscientes de todo aquello que aceptamos al final del día sin siquiera leerlo. También es importante que aprendamos a identificar las *fake news* para no contribuir a su difusión y cuáles son nuestros propios sesgos a la hora de leer noticias. Una vez que hayamos concluido los primeros ejercicios, pasaremos a la acción. Primero con algo de dieta, pero sólo de los pequeños tentempiés o *cookies* entre horas, para luego ir a por los carbohidratos más duros. Con mayor conciencia de este «bienestar digital», y algo más ligeras de peso, a lo mejor nos animamos a empezar a hacer ejercicio y emprender acciones para que otras personas en nuestro entorno adopten los trucos que hemos aprendido. Tranqui, no te pido que salgas a la calle a manifestarte por una mayor privacidad, pero igual sí puedes ayudar a que tus mayores y descendientes hagan un uso más responsable de la tecnología. Por último, si te sientes realmente motivada, puedes probar con algún retiro detox y borrarte de Internet temporal o permanentemente. Sí, es posible aunque difícil.

Paso 1: ¡Empodérate!

Practica el *mindfulness* digital

¿*Mindfulness* digital? De momento sigue respirando, que eso siempre viene bien. Imagina que cada día te ponen un camión lleno de comida delante de tu casa. Puedes coger lo que quieras, es gratis. Sin embargo, no por ser gratis tiene que ser bueno para tu salud. Tienes a tu disposición todo tipo de comida: esa más saludable y también esa que te priva, aunque no sea la más recomendable. Con el paso de los días, irás aprendiendo que no toda la comida es igual de fresca. Hay manzanas que parecen iguales, pero tienen un sabor bien distinto. Entonces descubrirás que por mucho que toda la comida que tienes a tu disposición sea gratis, te interesa seguir mirando la etiqueta para conocer su procedencia y para descubrir qué proveedores te parecen más fiables, qué productos tienen más calidad, etcétera, para poder tomar mejores decisiones.

Con los servicios digitales y la tecnología que usamos en nuestro día a día pasa lo mismo. Cuando vamos a adquirir un producto físico consideramos diferentes factores como prestaciones, precio, reseñas y opiniones de otros usuarios; facilidad de uso y, cada vez más, hasta aspectos éticos y sostenibles. Sin embargo, la política de privacidad no suele estar entre dichos factores. Las razones por las que esto puede suceder (dificultad para entenderlas, extensión, falta de claridad, desconocimiento de su existencia, etc.) las hemos analizado en capítulos anteriores.

Un informe[1] publicado por Pew Research, y realizado con las respuestas de consumidores estadounidenses, reve-

---

[1] https://www.pewresearch.org/short-reads/2023/10/18/key-findings-about-americans-and-data-privacy/

la que existe una creciente preocupación por la privacidad y el control que los Gobiernos pueden ejercer sobre la población a través de la recopilación masiva de datos y poca confianza en que las empresas de inteligencia artificial se autorregulen en el uso responsable de la tecnología. El mismo estudio muestra que el 78 % confía en su propio criterio para tomar las decisiones correctas con respecto a su rastro digital, aunque el 56 % reconoce que acepta «todo» por defecto. Finalmente, el 76 % no duda que las redes sociales pueden vender sus datos sin su consentimiento. Quizá por eso el peor dato de todos es que el 61 % apunta que no cree que realmente su aporte tenga impacto alguno. Una forma de interpretar estos datos tan variados puede ser que la privacidad ha pasado a ser una preocupación, que poco o nada podemos hacer los consumidores para tener un mayor control sobre ella y que, por tanto, tampoco merece la pena invertir tiempo en rechazar *cookies* o leer políticas de privacidad.

La buena noticia es que si segmentamos por grupo de edad, como han hecho en este informe[2] de Cisco, vemos un creciente interés por la privacidad. En el estudio definen como personas *privacy actives* ('activas respecto a la privacidad') a aquellas que responden que están preocupadas por la privacidad, que también están dispuestas a tomar acciones para protegerla (cambio de servicios, empleo de tiempo o dinero para ello o incluirla como factor decisivo de compra) y que además ya han implementado algún tipo de medida al respecto. En el estudio de este año, un 33 % de los encuestados resultaron estar en este grupo, un punto más que el año anterior y cuatro más que hace tres años, confirmando una tendencia creciente. Lo más positivo es que en

---

[2] https://www.cisco.com/c/en/us/about/trust-center/consumer-privacy-survey.html

el grupo de edad de entre 18 y 24 años, este porcentaje asciende hasta el 42 %. ¿Recuerdas cuando yo preguntaba cuánta gente había cambiado de proveedor de servicios digitales a consecuencia del escándalo PRISMA? Pues parece que se van levantando más manos en el auditorio. En cuanto a las *Data Subject Access Requests* (DSAR)[3] crecieron en cuatro puntos hasta el 28 %. De nuevo, el grupo de edad de 18-24 tenía un 42 % frente al 6 % de los mayores de 75.

Si tú quieres estar en ese grupo de personas «activas respecto a la privacidad», lo primero que tienes que hacer es ser consciente de dónde tienes los principales agujeros hoy en día.

¿Con quién pasas la mayor parte de tu tiempo?

Empecemos por las políticas de privacidad que has aceptado. Pero no te agobies, no hace falta que te las leas todas. De hecho, como primer ejercicio, te propongo que te tomes de cinco a diez minutos para pensar cuáles son las aplicaciones o webs que más utilizas en tu día a día y las escribas en un papel. Puedes usar la plantilla de las páginas 214-215 para ir completando este ejercicio paso a paso. Intenta ponerle minutos diarios a cada una de ellas, o semanales si te resulta más sencillo o piensas que tu uso del *smartphone* no es homogéneo todos los días.

---

[3] Las peticiones de acceso a sujetos de datos —las personas de quien se recopila información personal, como los visitantes de un sitio web— son el eje central de la normativa europea de protección de datos (GDPR) y constituyen el mecanismo para ejercer los derechos de acceso a los sujetos de datos. Estos derechos permiten a todas las personas comprobar si las organizaciones que guardan datos personales relativos a ellas lo hacen de forma correcta o no. También permiten el ejercicio de otros derechos como la rectificación y el borrado.

Después, comprueba cuál es la realidad y rellena la siguiente columna de la plantilla. La mayoría de los teléfonos inteligentes tienen ya un apartado llamado «gestión del tiempo»[4] que te permite descubrir el uso que haces de tu terminal. No hace falta que completes la tabla con todas las aplicaciones que usas a lo largo de la semana, lo más probable es que el 80 % de tu tiempo discurra entre el 20 % de las aplicaciones que tienes instaladas. Si hay alguna aplicación que no habías tenido en cuenta en el paso anterior y a la que le dedicas un tiempo considerable, no pasa nada: añádela al final de la lista con su tiempo de uso asociado.

A lo mejor el resultado te sorprende. Quizá no eras consciente de cuánto tiempo dedicas a una determinada red social o incluso te percates de alguna aplicación o web que no habías tenido en cuenta. Lo importante es que lo compares con lo que habías escrito en tu papel. Algunas personas puede que entren en *shock* cuando descubran el número de horas que destinan a ciertas actividades *online*. Si es tu caso, haz una pausa y dedica un tiempo a pensar qué beneficios obtienes al hacerlo y, lo más importante, qué otras actividades *offline* podrías hacer. Todo es cuestión de prioridades. En cualquier caso, si te planteas reducir o controlar el uso de alguna aplicación en concreto, puedes configurar un tiempo máximo en el mismo apartado de gestión del tiempo de tu teléfono.

Una vez sabemos dónde pasamos la mayor parte de nuestro tiempo en Internet, toca saber qué hemos aceptado. No te preocupes, que no nos vamos a leer todas las políticas de privacidad de las aplicaciones anteriores. Vamos a seguir indagando dónde deberíamos poner más atención.

---

[4] https://www.xataka.com/basics/como-saber-cuantas-horas-usas-movil-android-e-ios

¿Cómo evaluar una política de privacidad de forma rápida y sencilla?

Podemos evaluar de un simple vistazo una política de privacidad en tres pasos.

- Paso 1. Consiste en analizar cómo de fácil te resulta encontrar la propia política de privacidad. La mayoría de las webs la tienen al final de la página; si te cuesta más de diez segundos encontrarla eso debería ser una señal de alarma. Al fin y al cabo, ¿por qué no querrían que accediéramos fácilmente al contenido de dicho documento? Es importante que, una vez que accedas al documento, contenga información real. Yo me he encontrado en más de una ocasión con documentos de varias páginas rellenos de *Lorem ipsum*…

- Paso 2. Comprobar qué tipo de datos recoge y cuándo. Lo normal en un sitio web en el que nos registramos es que almacenen nombre de usuario y contraseña, pero puede que te encuentres sorpresas y la aplicación recoja más cosas de las que te esperabas como audio, tu ubicación, información de los contactos, etc. Normalmente esta sección debería ser fácil de identificar de un vistazo bajo un epígrafe del tipo «Personal data»[5], «Personal information we collect» o «How we collect and use your personal data». Algunas webs hacen un trabajo verdaderamente bueno y ponen esta información en forma de tabla, identificando para cada tipo de dato la fuente, finalidad con la que lo procesan, si lo comparten o no y con quién. ¿Qué debería alertarnos aquí?

---

[5] Por su extensión en el mercado, indico los términos utilizados en inglés en vez de en español.

Yo pongo especial interés en la presencia de términos como *mic*, *microphone*, *video*, *camera*, *keystrokes*[6] o si están trazando nuestra localización, ya que son algunos de los datos más sensibles que tenemos. Si no tienes muy claro si la localización es un dato que procesan o no, puedes buscar directamente términos como *geofencing*, *geotargeting* o *geolocation*. No todas las políticas de privacidad que accedan a estos datos son necesariamente «malas». Las aplicaciones de videoconferencia tienen que acceder a tu micrófono, altavoz y cámara para darte servicio; aquellas que ofrecen funciones de navegación GPS deben acceder a tu localización y las aplicaciones de mensajería instantánea necesitan permiso para acceder a tus contactos, por poner sólo algunos ejemplos. Mientras buscas estos datos, has de comprobar si acceden a dicha información sólo cuando usamos la aplicación o en todo momento. Por ejemplo, hace años, Uber incluyó una actualización de su aplicación en la que pedía conocer la localización de sus usuarios en todo momento, incluso cuando no estaban utilizándola[7]. Que Uber acceda a la ubicación de sus usuarios es algo normal, porque tiene que localizarte para enviar un vehículo a recogerte, pero querer ir más allá de cuando solicitas sus servicios es un poco excesivo. Afortunadamente, esto es una característica que puede configurarse fácilmente desde tu teléfono móvil, restringiendo los permisos de acceso a localización de la aplicación[8].

---

[6] Los *keystrokes* son las pulsaciones que hacemos en el teclado para escribir. Si una aplicación las almacena podría estar accediendo a todo lo que tecleamos en nuestro ordenador o teléfono móvil.

[7] https://www.theverge.com/2016/11/30/13763714/uber-location-data-tracking-app-privacy-ios-android

[8] https://www.howtogeek.com/327347/how-to-stop-uber-from-tracking-your-iphones-location-when-you-arent-using-the-app/

Si te sientes con ganas, puedes añadir un chequeo de un nivel un poco más avanzado y buscar señales de publicidad o contenido personalizado. Esto lo encontrarás embebido en frases como «personalize», «enhance your experience», «improve our services» o «measuring the effectiveness». En estos casos es muy posible que se registre todo aquello en lo que haces clic y, finalmente, compras.

Es posible que en tu investigación te encuentres con palabras como *de-identified*, *anonymous* o *aggregated* que te inciten a pensar que, aunque se recopile una buena parte de tus datos, estos no van a estar asociados a ti específicamente ni van a permitir identificarte. Sin embargo, hay estudios[9] que muestran cómo se puede reconstruir la identidad de una persona partiendo de datos supuestamente anonimizados. Esto es un poco complejo, pero imagínalo como un gran juego del *Quién es quién*. Si una aplicación tiene acceso a tu ubicación, saca bastante fácilmente dónde vives y trabajas mirando las dos ubicaciones en las que pasas más tiempo. Si a esos datos le empezamos a añadir otras «pistas», como el género o si tienes mascotas, el tipo de ordenador o teléfono que utilizas, de repente el círculo se va cerrando.

En resumen, se trata de plantearnos si los datos que se capturan son realmente necesarios para ofrecernos el servicio, si los recopilan sólo cuando hacemos uso de la aplicación y, sobre todo, si ceden los datos a terceros (ver punto siguiente) y con qué finalidad.

- Paso 3. Busca si la finalidad de recopilar tus datos es comercial. Esto suele ser lo más difícil de encontrar. A

---

[9] https://themarkup.org/the-breakdown/2023/08/03/how-to-quickly-get-to-the-important-truth-inside-any-privacy-policy

veces las compañías dan descripciones vagas en la finalidad con la que procesan tus datos como *business purpose* que puede significar cualquier cosa. Lo más rápido es buscar términos obvios como *sell* o su versión más ofuscada que es *share*. Si te encuentras ante el segundo caso, intenta encontrar con quién comparten dichos datos: a veces los términos *business partners* o *affiliates* revelan que hay una transacción económica relacionada con tus datos. En el caso de encontrar una sección que hable de *third parties* o terceras partes, comprueba si se especifica quiénes son esos *partners*. Es relativamente habitual que cuando se dice que se comparte con otros no se diga con quién, lo cual puede ser, literalmente, cualquiera que pague por ello o llegue a un acuerdo con la empresa que comercializa la aplicación.

¿Lista? Pues coge aire y empieza a seguir estos tres pasos con respecto a las políticas de privacidad de tu lista de aplicaciones. Como la finalidad de este ejercicio es que tengas un resultado visual del nivel de exposición que tiene tu privacidad, te sugiero los siguientes símbolos para cada una de las categorías de datos que busques:

- ☑ Si este tipo de dato se recopila. En este caso, puedes añadir:
  - ! Si no es un tipo de dato que te parezca necesario para el servicio prestado.
  - 💯 Si además el dato se está recopilando tanto si usas o no la aplicación, es decir, el 100 % del tiempo.
- ✕ Si el tipo de dato NO se recopila.

Tienes columnas extra por si quieres considerar otros tipos de datos que no se han incluido.

Mis *apps* y sitios web preferidos	Cuánto creo que la uso por semana	Cuánto la uso por semana de verdad	Micrófono	Cámara	Localización

FIGURA 1. Ejercicio de análisis de las políticas de privacidad.

Contactos	***Keystrokes***	**Tipo de dato extra**	**Tipo de dato extra**	**Personalización**	**Comparte con**

Una vez hecho, dedica unos minutos a analizar las implicaciones de lo que acabas de rellenar. Fíjate en aquellas filas en las que hay columnas que incluyen ☑. Esto por sí solo no tiene por qué ser negativo. Como decía antes, puede que sea necesario para el correcto funcionamiento de la aplicación. En esos casos, fíjate si comparten los datos con terceros. Puede que tu aplicación acceda a tu ubicación para recomendarte ofertas de restaurantes cercanos, lo cual no debería preocuparnos salvo que compartan esa información con terceros. Algunas organizaciones han comprado *brokers* de datos; listados de usuarios cuya localización revela que acuden a determinados sitios como lugares de culto, sitios de encuentro gais[10], manifestaciones o clínicas abortivas. Snapchat, esa *app* aparentemente inocente que nos ponía cara de perrito, gafas chillonas o nos mostraba cómo seríamos con más años o menos arrugas sólo por diversión, se ha enfrentado a varias denuncias por el almacenamiento de datos biométricos de sus usuarios, los cuales podrían ser utilizados para alimentar sistemas de identificación facial[11]. No lo olvides: si el producto es gratis, el producto eres tú.

En aquellos casos en los que tengamos juntos los símbolos ☑ y/o **!** es más que posible que se estén compartiendo con terceros. Si no es así, a lo mejor es que el dato sí que es necesario para que funcione la aplicación, aunque no entiendas cómo. Es posible que si la aplicación muestra publicidad contextual necesite acceder a tu ubicación para mostrarte los anuncios que considera más relevantes. En cualquier caso, que la política de privacidad contemple el

---

[10] https://www.theguardian.com/world/2023/mar/10/colorado-catholic-group-identify-priests-gay-apps

[11] https://www.theverge.com/2022/8/23/23318545/illinois-snapchat-biometric-privacy-lawsuit-settlement-facebook-location-tracking

posible acopio de un determinado tipo de datos no significa que siempre se haga. En muchas aplicaciones podemos configurar los permisos de localización, cámara y micrófono de forma separada y decidir si permitimos el acceso siempre, al usar la aplicación, o nunca. Según el tipo de aplicación, si optamos por esto último puede que la aplicación deje de funcionar por completo o que simplemente pierdas alguna funcionalidad. Por ejemplo, la aplicación que yo uso para acceder al pronóstico meteorológico puede detectar mi localización al abrirla y mostrarme el tiempo local o puede tener un listado de sitios por defecto, a los que consultar, que puedo editar manualmente. Yo prefiero esto último y no tener que dar mi ubicación exacta cada vez que la abro, por mucho que pueda ser un poquito menos conveniente al usarla. Si haces un chequeo por todas tus aplicaciones limitando permisos, acuérdate de revisar la configuración cuando hagas actualizaciones porque puede volver a la de por defecto.

Si el ejercicio anterior te parece excesivo, te doy un atajo para que le preguntes a ChatGPT. Yo introduje el siguiente *prompt*, que puedes personalizar a tu gusto (he indicado algunas de las aplicaciones que hemos estado nombrando a lo largo del libro):

YO Quiero que analices las siguientes políticas de privacidad: https://www.tiktok.com/legal/page/eea/privacy-policy/es, https://policies.tinder.com/privacy/intl/es/, https://privacy.uber.com/privacy/center, https://policies.google.com/privacy, https://www.fitbit.com/global/es/legal/privacy-policy y https://about.instagram.com/safety/privacy. Devuélveme una tabla con tantas columnas como políticas has analizado y en la que las filas sean los tipos de datos recopilados. En cada aplicación, para cada tipo de datos, indica si se recopilan o no, si se hace siempre o sólo cuando se usa la *app*, si se almacenan y si se comparten. En el caso de datos relativos a compras, especifica si se recopilan sólo de las que se hacen dentro de la *app* o también fuera de ella. Asegúrate de especificar si acceden a la cámara, el micrófono, la localización y el historial de navegación. Por último, añade una fila extra que indique si se ofrece publicidad personalizada.

El resultado lo tienes en la tabla de las páginas 220-220. Si bien no está mal, te vas a perder algunos detalles que pueden ser interesantes. Por ejemplo, una cosa es que de la tabla deduzcas que TikTok accede y comparte tus fotos, pero si leyeras el apartado correspondiente en su política de privacidad verías que además analiza los elementos que salen en todas las imágenes y vídeos en los que apareces, lo cual añade matices, digamos, interesantes. Del análisis de la política de privacidad de Uber parece deducirse que nunca se accede a la cámara, cuando la aplicación hace una alusión específica a las grabaciones que pueden hacerse a través de ella[12].

Viendo la tabla de la figura 2, se me ocurrió que una información relevante sobre las aplicaciones que más uses es, al margen de tu propio análisis, hacer una búsqueda en Internet sobre las últimas sanciones que hayan recibido por violar normativas de protección de datos. Sólo por probar, puse a prueba a ChatGPT una vez más:

YO Vale, gracias. Ahora hazme una tabla con las sanciones por violación de leyes de protección de datos que ha tenido cada una de las aplicaciones anteriores, incluyendo cuantía y país.

Tras investigar, he encontrado información sobre una sanción significativa impuesta a TikTok por violaciones de las leyes de protección de datos. En septiembre de 2023, la Comisión de Protección de Datos de Irlanda (DPC) impuso a TikTok una multa de 345 millones de euros (aproximadamente 370

---

[12] https://www.uber.com/global/en/privacy/overview/

> millones de dólares) por incumplir las leyes de privacidad en relación con el procesamiento de datos personales de niños en la Unión Europea. Esta sanción se relaciona con el periodo entre el 31 de julio de 2020 y el 31 de diciembre de 2020. Los incumplimientos de TikTok incluyeron configurar las cuentas de usuarios menores de 16 años como «públicas» por defecto y no verificar si un usuario vinculado a través de la función «emparejamiento familiar» era realmente el padre o tutor del niño usuario. TikTok agregó controles parentales más estrictos a la función de emparejamiento familiar en noviembre de 2020 y cambió la configuración predeterminada para todos los usuarios registrados menores de 16 años a «privado» en enero de 2021.
> Sin embargo, no encontré información sobre sanciones por violaciones de leyes de protección de datos para las otras aplicaciones mencionadas (Tinder, Uber, Google, Fitbit e Instagram) en los resultados de mi búsqueda. Esto podría indicar que no han recibido sanciones significativas recientemente o que las posibles sanciones no han sido tan ampliamente reportadas como en el caso de TikTok.

Además de que mi *prompt* es más que mejorable, lo importante es que la información de vuelta es incompleta ya que Uber ha sido sancionada en 2023 con 10 millones de euros por la autoridad holandesa de protección de datos[13].

En cualquier caso, el propósito de este ejercicio es más el de tomar conciencia que el de convertirnos en expertos analizadores de políticas de privacidad. Así que vuelve a tu tabla, la hayas rellenado como la hayas rellenado, y date un tiempo para reflexionar sobre ella. ¿Qué tal ha ido? ¿Te sorprende algo? Es bueno que con la tabla delante te tomes tu tiempo para pensar si estás cediendo más o menos datos de tu vida de los que pensabas antes de empezar a leer este libro y, sobre todo, si te compensa o no.

[13] https://globaldatareview.com/article/uber-fined-eu10-million

Tipo de datos	TikTok	Tinder	Uber
Información de la cuenta	Compartida	Compartida	Compartida
Contenido del usuario	Compartida	Compartida	Compartida
Datos de mensajería	Compartida	No especificado	No especificado
Datos de contactos importados	Compartida	Compartida	Compartida
Datos de compra	Compartida	Compartida	Compartida
Datos de encuestas	Compartida	No especificado	No especificado
Información técnica y de uso	Compartida	Compartida	Compartida
Publicidad personalizada	Sí	Sí	Sí
Acceso a la cámara	Con permiso, compartida	Con permiso, compartida	No aplicable
Acceso al micrófono	Con permiso, compartida	Con permiso, compartida	No aplicable
Acceso a la localización	Con permiso, compartida	Con permiso, compartida	Con permiso, compartida
Historial de navegación	No	No	No

FIGURA 2. Análisis de los datos recopilados por tus aplicaciones.

¿A quién has metido en tu casa?

Como vimos en anteriores capítulos, nuestro *smartphone* es una de las principales fuentes de recopilación de datos que tenemos con nosotros, pero no es la única. Así que ahora que hemos cogido práctica con el ejercicio anterior, te invito a que lo repitas aplicándolo al resto de dispositivos inteligentes que tengas en tu casa o lleves contigo. Pue-

Tipo de datos	Google	Fitbit	Instagram
Información de la cuenta	Compartida	Compartida	Compartida
Contenido del usuario	Compartida	Compartida	Compartida
Datos de mensajería	No especificado	No aplicable	Compartida
Datos de contactos importados	Compartida	Compartida	Compartida
Datos de compra	Compartida	Compartida	Compartida
Datos de encuestas	No especificado	Compartida	Compartida
Información técnica y de uso	Compartida	Compartida	Compartida
Publicidad personalizada	Sí	Sí	Sí
Acceso a la cámara	Con permiso, compartida	Con permiso, compartida	Con permiso, compartida
Acceso al micrófono	Con permiso, compartida	Con permiso, compartida	Con permiso, compartida
Acceso a la localización	Con permiso, compartida	Con permiso, compartida	Con permiso, compartida
Historial de navegación	Compartida	No	No

des hacerlo utilizando la tabla de la figura 3 (págs. 222-223).

Empieza por registrar si llevas un reloj o pulsera inteligente que esté midiendo tus constantes vitales (quizá eso ya lo comprobaste cuando leíste los ejemplos de Fitbit y Strava) y después mira a tu alrededor para comprobar si tienes algún asistente de voz en casa. Esos son los dos dispositivos más comunes después de tu teléfono inteligente.

Dispositivo	Micrófono	Cámara	Localización	Contactos

FIGURA 3. Ejercicio de análisis de las políticas de privacidad de otros dispositivos inteligentes.

Datos biométricos	Tipo de dato extra	Tipo de dato extra	Personalización	Comparte con

A partir de ahí, hay que hacer una labor más de investigación ya que, como hemos visto en capítulos anteriores, hay elementos de tu casa que hace años eran absolutamente pasivos y hoy vienen con una farragosa política de privacidad. Te ayudará buscar qué electrodomésticos tienes que lleven un apellido *smart* o tengan una aplicación en tu móvil para configurarse. En estos casos, es más que probable que el dispositivo se conecte a Internet, siendo una fuente de filtrado de datos. Tal vez tengas una *smart TV*, aunque no sea como la de Telly; o un aspirador, o cerradura, o timbre, o frigorífico, o coche, o hasta cepillo de dientes, que estén cotilleando sobre tu vida con multitud de entidades, cual portera chismosa de 13 Rue del Percebe.

En el caso de otros dispositivos, es posible que cuando busques la política de privacidad encuentres que ya tienes algunas opciones configuradas para modelarla y, si no es así, a lo mejor te apetece hacerlo sobre la marcha.

Si necesitas algo de ayuda en esta parte, o simplemente quieres inspirarte en qué tipo de dispositivos podrían estar haciendo acopio de datos en tu entorno más cercano, puedes visitar la página Privacy Not Included[14], que es una iniciativa de la fundación Mozilla. En ella verás un montón de reseñas sobre políticas de privacidad escritas por expertos y consejos sobre cómo configurar mejor el dispositivo. Una cosa es todo lo que pueda recopilar y almacenar un dispositivo y, otra, cuántas de esas funcionalidades queremos realmente activar. Además, también indican si los dispositivos se conectan con aplicaciones de terceros, las cuales, por supuesto, tendrán sus propias políticas de privacidad. Si no encuentras el producto que estás buscando puedes subirlo para que incluyan una reseña en el futuro.

---

[14] https://foundation.mozilla.org/en/privacynotincluded/

Aplica el filtro socrático

En el capítulo 5 hablamos sobre el gran impacto que tienen las *fake news*, tanto en nuestro estado anímico como en nuestras democracias en última instancia. Dado que estas «noticias» se extienden como virus gracias a nuestra contribución, es de vital importancia que afinemos nuestro sentido crítico y nos acostumbremos a cuestionar por defecto lo que nos llega.

Cuentan que un discípulo se dirigió a Sócrates para contarle un chisme sobre un amigo suyo. Al parecer, este amigo de Sócrates estaba difamándolo. El filósofo lo contuvo sin dejarse llevar por sus emociones y le dijo que antes de escucharlo quería aplicar la regla de los tres filtros: verdad, bondad y utilidad.

—¿Estás absolutamente seguro de que lo que vas a contarme es verdad? —comenzó Sócrates.

—Bueno... es algo que escuché.

—Entonces, no sabes si es del todo cierto. ¿Lo que vas a contarme es algo bueno?

—¡En absoluto!

—Entonces, vas a contarme algo malo, que me turbará, pero no estás seguro de que sea cierto.

El discípulo tuvo que admitir que así era.

—Por último, ¿me va a servir de algo lo que tienes que decirme?

El discípulo dudó. Seguro que aquello distanciaría a Sócrates de su amigo, pero teniendo en cuenta que no sabía a ciencia cierta si era verdad, la utilidad de difundir aquel mensaje era más que cuestionable.

—Entonces, si lo que deseas decirme no es cierto, ni bueno, ni útil, ¿para qué querría saberlo? —zanjó Sócrates.

Esta anécdota resume con gran sabiduría las claves para poder combatir las *fake news*. Antes de soliviantarnos con lo que leemos y, posteriormente, caer en la tentación de reenviarlo, nos vendría bien cuestionar desde los ángulos de verdad, bondad y utilidad la información que recibimos. Vamos a analizar cómo, empezando por los dos últimos.

- BONDAD. Ya hemos hablado de cómo nuestro cerebro está preparado para reaccionar ante estímulos de alta carga emocional. Las *fake news* generalmente suelen contener titulares apocalípticos, conspiracionistas o polarizantes que nos incitan a hacer clic. No olvides que estas noticias generan ingresos económicos para las personas que las publican gracias a los anuncios que pueden insertarse en los vídeos o las páginas en las que están alojadas.

En capítulos anteriores hemos comentado cómo los hilos de contenido personalizados contribuyen a polarizar nuestras opiniones. Por eso, no basta con detectar las noticias falsas, sino que hemos de ser conscientes de los sesgos que buscamos activamente. Por la misma razón es sano que te informes en medios más alejados de tus afinidades políticas, como una forma de ampliar tus perspectivas. Hay ocasiones en las que, según qué noticia se está cubriendo, la diferencia entre leerla en un medio o en otro es tal que parece que hablasen de cosas diferentes. El sitio AllSides[15] te ofrece en la misma pantalla las noticias desde el punto de vista de los medios de izquierda, de centro y de derechas. Merece la pena ver cómo los titulares varían según el medio que los escribe y te muestra de una forma muy gráfica cuánto sesgo eliges tener al seleccionar tus fuentes de informa-

---

[15] https://www.allsides.com/unbiased-balanced-news

ción. El problema es que es un sitio americano y se centra en noticias relacionadas con Estados Unidos. Aun así, navegar un rato entre titulares merece la pena.

- UTILIDAD. También hemos estado hablando de la economía de la atención. A diario nos bombardean con infinidad de partículas de información, pero muy pocas de ellas tienen una utilidad directa para nuestra vida diaria. Este tipo de noticias suelen caracterizarse por tener una alta carga emocional que nos turba, pero, en la mayoría de los casos, no podemos tomar medidas al respecto más allá de sentirnos deprimidos o ansiosos. Seguro que tienes cosas más reconfortantes a las que dedicar tu atención, ¿verdad? Evitando la difusión de *fake news* no sólo combatimos la desinformación, sino que ahorramos el recurso más preciado que tenemos: nuestro tiempo.

- VERDAD. En el capítulo 5 te conté el día que mi madre aprendió lo que es el *deep voice*. Las herramientas de inteligencia artificial hacen que no todo lo que oigas y veas tenga que ser necesariamente cierto. Es imprescindible que puedas comprobar la fuente que lo envía, lo cual suele ser complicado cuando recibes vídeos por mensajería instantánea.

Gracias a las herramientas para desarrolladores que ofrecen algunos navegadores como Chrome, que permiten probar en tu pantalla la maquetación de páginas web, se puede modificar la portada de cualquier periódico *online* para añadirle el titular que nosotros queramos. Naturalmente, estas funcionalidades están pensadas para que las personas que programan puedan probar sus modificaciones de manera más rápida, pero no impiden que alguien reinvente la portada de un medio de comunicación, haga un pantallazo y lo reenvíe, añadiendo además que no manda el enlace de la publicación, pues teme que sea censurado y eliminado. Si recibes una imagen de una noticia que debería estar publicada *online*, busca siempre referencias que todavía lo estén. Si no hay ninguna, desconfía.

Incluso si recibes un enlace a un sitio web, comprueba qué tipo de medio es analizando cuántas publicaciones tiene y desde hace cuánto tiempo. Si es un sitio de un medio de comunicación reconocido, asegúrate de que sea la dirección correcta y que la URL corresponda con la cabecera. Es decir, que si estás viendo la portada de la BBC en la URL www.mibbc.tk en vez de www.bbc.com o www.bbc.co.uk, no estás leyendo el medio oficial, por mucho que la maquetación pueda ser la misma. Analiza también quién ha hecho la publicación y qué tipo de contenido suele difundir: te puede ayudar a hacerte una idea de la credibilidad que esa persona puede tener. Detrás de todas las noticias hay un periodista, de modo que si encuentras una noticia «huérfana» es una señal de que nadie quiere hacerse responsable de su contenido. Por último, comprueba la fecha de publicación de la noticia. En ocasiones, recibimos noticias pasadas ciertas, que intentan recontextualizarse en el presente, lo cual es otra forma de desinformación.

Por último, presta especial atención al llamado «periodismo de datos». Vivimos en el mundo de los datos y es frecuente que los periodistas apoyen sus contenidos con gráficos que muestren de una manera visual lo que están contando, por eso es importante que sepamos cómo interpretarlos. Aun cuando los datos que muestren estén contrastados y sean ciertos, la forma de representarlos puede contar historias bien diferentes. Aquí tienes unos cuantos consejillos para detectar cuándo te están presentando datos de una forma engañosa.

1. En los gráficos de barras o histogramas, identifica si el eje Y comienza en 0. Fíjate en las dos gráficas siguientes, que muestran el grado de satisfacción de los clientes de una serie de marcas (figura 4). Ambas representan los mismos datos, pero en el primer caso se acentúa la diferencia entre la marca A y el resto por la forma en que se ha representado.

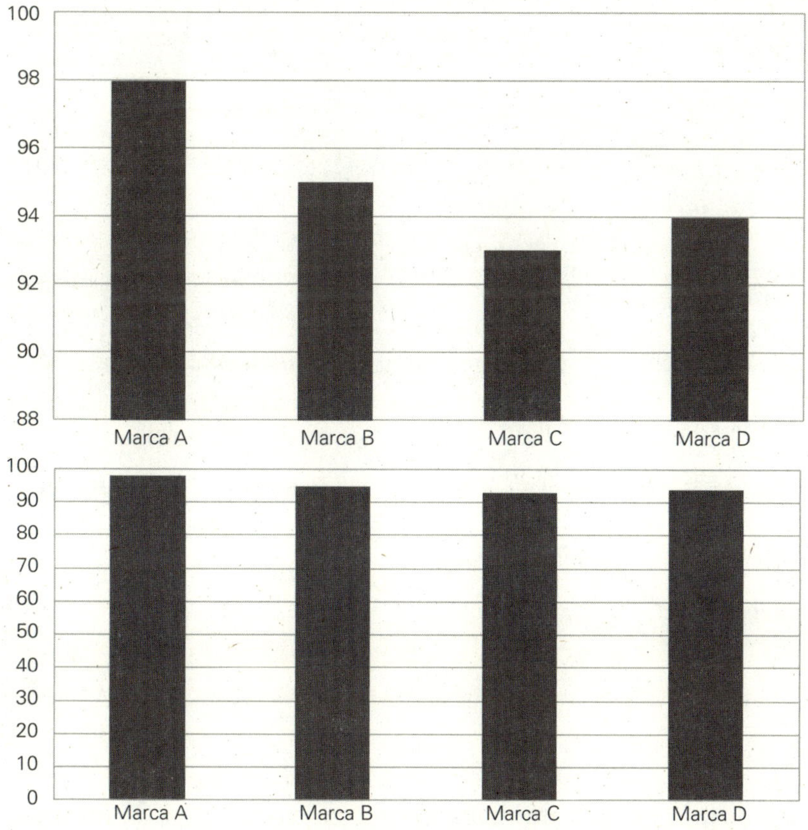

FIGURA 4

2. Revisa si las etiquetas del eje X están ordenadas y siguen siempre la misma proporción. Fíjate en las dos gráficas del siguiente ejemplo (figura 5), que refleja las ventas

de una compañía ficticia. Ambas muestran exactamente los mismos datos. Sin embargo, en la primera se ha alterado el orden de los mismos haciendo que la tendencia que veamos sea alcista, cuando la realidad es muy diferente.

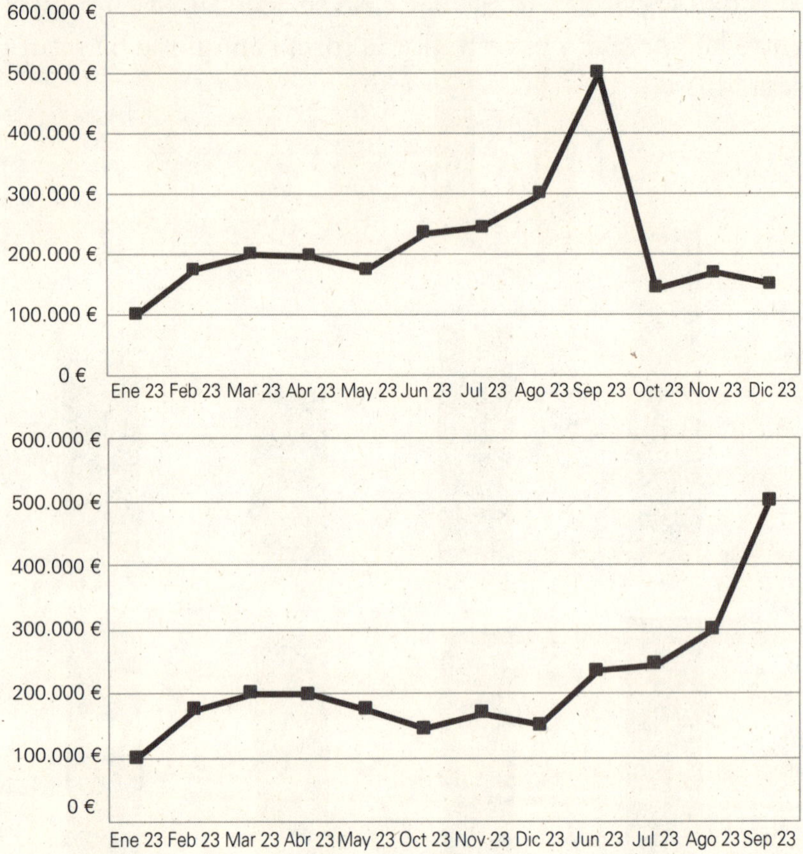

FIGURA 5

También hay que prestar atención a si el eje X muestra un intervalo temporal constante. En el ejemplo siguiente (figura 6), tenemos las ventas de una *start-up* que pretende acudir a una ronda de financiación.

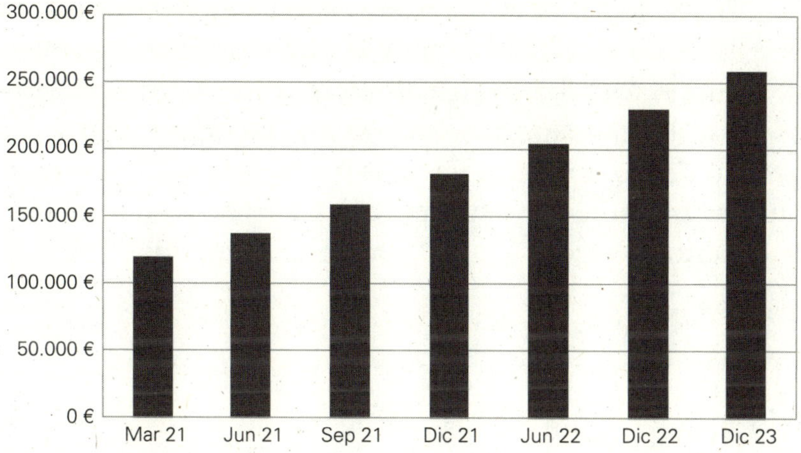

FIGURA 6

Los datos son correctos y están ordenados, pero el eje X nos muestra los resultados trimestrales del 2021, los semestrales del 2022 y el final de 2023 representando un crecimiento lineal y visualmente constante. Sin embargo, si rellenamos los huecos con los datos que faltan (figura 7), vemos que esa tendencia de crecimiento se ha suavizado desde diciembre de 2021.

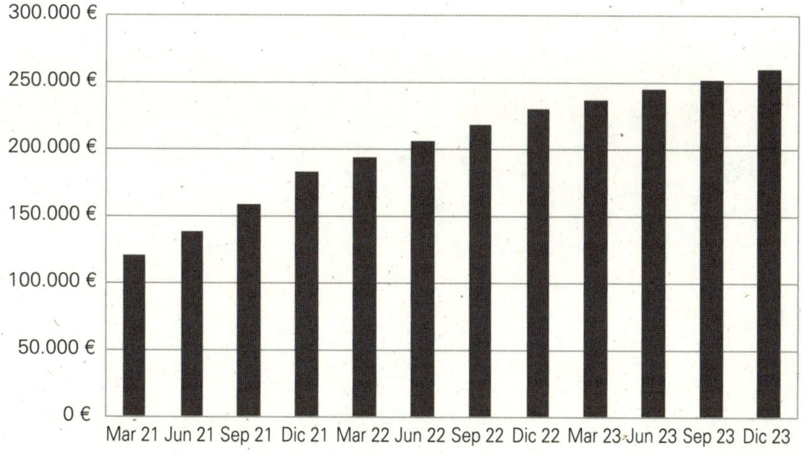

FIGURA 7

3. ¿Es lógica la escala Y? En ocasiones vemos gráficos con extensas escalas en el eje Y sin que haya datos en ellas. A menudo esta forma de representar los datos pretende suavizar las tendencias y que no puedan identificarse. El gráfico de la figura 8 muestra la evolución de las reclamaciones de clientes de una empresa. El hecho de que el límite superior del eje Y sea 100, hace que la línea de tendencia

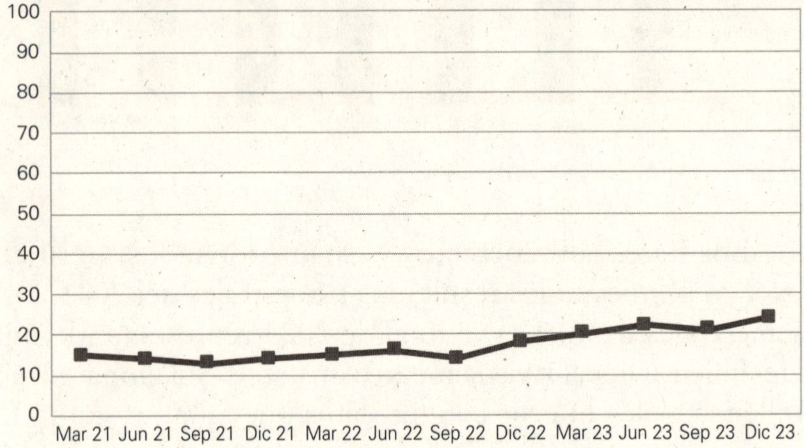

FIGURA 8

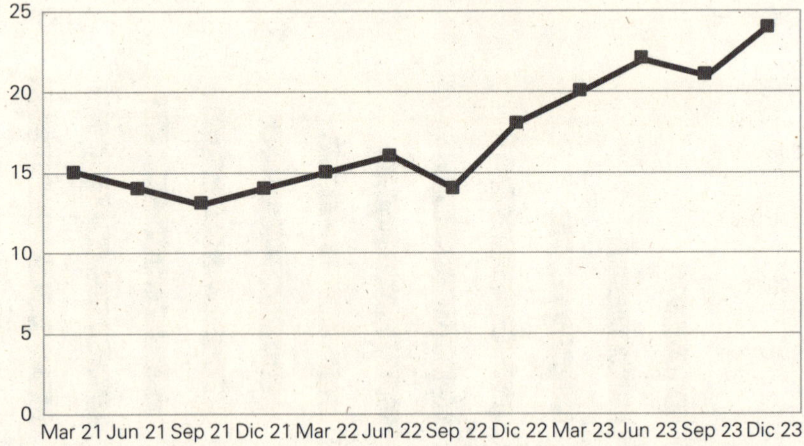

FIGURA 9

quede visualmente chata y no apreciemos cómo está creciendo de verdad.

Sin embargo, si ajustamos la escala (figura 9) podemos percibir que la tendencia está mucho más acentuada de lo que parecía en la gráfica anterior.

4. Lógica visual. Aun representando los datos correctamente y de acuerdo a lo que hemos visto en los puntos anteriores, queda margen para el engaño jugando con colores y proporciones. Los gráficos de tipo tarta separada o áreas apiladas pueden hacernos pensar que ciertas porciones son visualmente las más grandes, aunque esto no sea así. Fíjate en la siguiente gráfica que representa las ventas mensuales en millones de euros de una compañía que tiene sede en España, Francia e Italia (figura 10). ¿Sabrías decir cuál de las tres sedes lo está haciendo mejor?

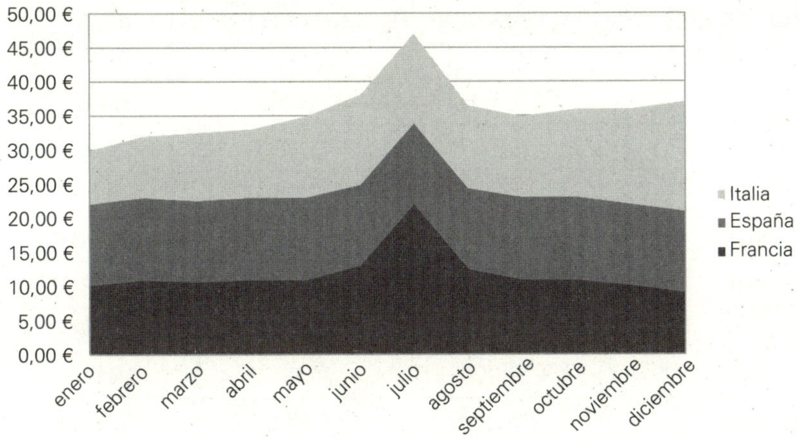

FIGURA 10

Es muy posible que el color más oscuro de Francia, así como el lugar en el que se representan sus datos, te haga pensar que es el área más grande representada. Fíjate lo que sucede cuando cambiamos el tipo de gráfico y podemos ver tendencias (figura 11).

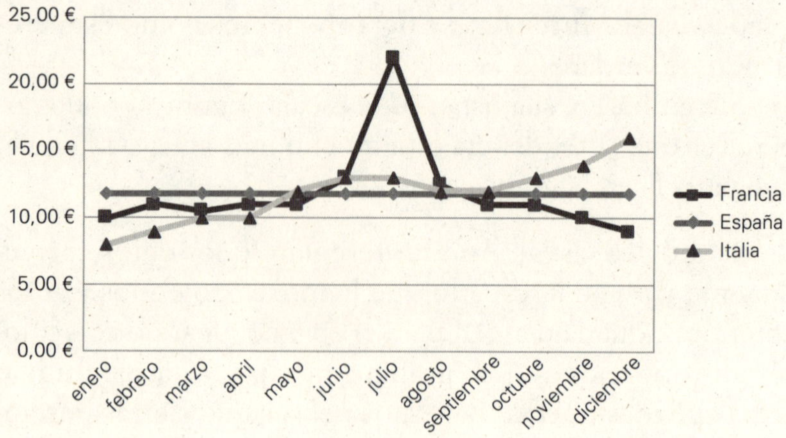

FIGURA 11

Interesante, ¿verdad? Con la anterior gráfica podía ser difícil evaluar qué equipo lo está haciendo mejor mientras que aquí apreciamos más información. Vamos a darle una última vuelta de tuerca y a observar los datos en formato tabla:

	Francia	**España**	**Italia**
Enero	10,00 €	11,83 €	8,00 €
Febrero	11,00 €	11,83 €	9,00 €
Marzo	10,50 €	11,83 €	10,00 €
Abril	11,00 €	11,83 €	10,00 €
Mayo	11,00 €	11,83 €	12,00 €
Junio	13,00 €	11,83 €	13,00 €
Julio	22,00 €	11,83 €	13,00 €
Agosto	12,50 €	11,83 €	12,00 €
Septiembre	11,00 €	11,83 €	12,00 €
Octubre	11,00 €	11,83 €	13,00 €
Noviembre	10,00 €	11,83 €	14,00 €
Diciembre	9,00 €	11,83 €	16,00 €
TOTALES	**142,00 €**	**142,00 €**	**142,00 €**

Puede que la tendencia de las sedes haya sido diferente y el equipo italiano sea el más prometedor para el año siguiente, pero a día de hoy los tres han obtenido exactamente los mismos resultados.

Otro efecto visual que puede confundirnos mucho son los colores. Por ejemplo, si vemos un gráfico con el histórico de desempleo en un país con un diagrama de barras por colores, fíjate en si estos colores están elegidos al azar o corresponden con los colores identificativos de los partidos mayoritarios, aunque el gráfico no diga nada al respecto. Si es el caso, nuestro cerebro atribuirá inmediatamente los resultados de cada barra al partido político de dicho color, cuando no necesariamente haya sido el que estaba gobernando en dicho año. De igual modo, si una gráfica nos muestra la participación por género en los órganos de dirección de una empresa y se escoge el color rosa para los resultados masculinos y el azul para los femeninos, es muy posible que nuestro cerebro sólo lea los colores y no los datos que representan.

Paso 2: ¡Actúa!

Alfabetización digital

Supongo que cuando en el capítulo 1 leíste que «castigaba» a mis hijas obligándolas a leer la política de privacidad de TikTok pensaste que era una postura algo desmedida. Pero estoy segura de que coincidirás conmigo en la importancia de que nuestros hijos e hijas tengan una educación digital que los introduzca no sólo en el uso de las nuevas tecnologías, sino en cómo hacerlo de manera saludable y responsable.

Las futuras generaciones deberían aprender desde el colegio fundamentos de programación y algoritmia. No sólo para despertar vocaciones técnicas, como ya hemos comentado anteriormente, sino para que estén mejor preparadas cuando les toque enfrentarse a las tecnologías del futuro. En un mundo cada vez más tecnificado, debemos asegurarnos de que la sociedad del mañana no tiene una gran brecha en su dominio de la tecnología, o veremos un incremento de las desigualdades.

Si no quieres esperar a que tu colegio se ponga las pilas, siempre tienes recursos gratuitos a tu disposición. En el sitio web La Hora del Código[16], tienes un montón de actividades divertidas para todos los niveles y edades explicadas paso a paso. Lo que más me gusta es que incluyen actividades que no requieren tener un dispositivo electrónico, sino que fomentan el pensamiento computacional desde la lógica y el juego. En la Khan Academy[17] también tienes cursos gratuitos de matemáticas, ciencias y computación. El enfoque aquí es diferente, porque se centra más en que las personas sigan un curso completo en vez de hacer actividades sueltas. Por último, te recomiendo el canal de ValPat[18], donde encontrarás un montón de vídeos muy entretenidos de los proyectos que hacen la ingeniera Patricia Heredia con su joven alumna Valeria Corrales. Valeria comenzó desde muy pequeña a hacer proyectos con Patricia y desde 2018 los publican en YouTube para inspirar a niñas de todo el mundo. El hecho de tener a una niña como referente es muy potente, porque las niñas de su edad pueden identificarse con ella mucho más fácilmente que con los adultos. Adicionalmente, yo a mis hijas intento llevarlas a eventos

---

[16] https://hourofcode.com/es

[17] https://es.khanacademy.org/

[18] https://www.valpat.tech/

como el Women Techmakers[19], donde siempre tienen actividades para su edad. Les flipan.

Fomentar vocaciones STEAM desde la niñez no tiene nada que ver con tener tabletas en las aulas (Francia, por ejemplo, las ha retirado de su sistema de enseñanza[20]) ni con darle un *smartphone* al pasar a secundaria para hacer que el alumnado *use* mucha tecnología; se trata de que *entiendan* cómo funciona por dentro, cómo va a intentar hackear sus cerebros para monopolizar su atención y cómo les va a impactar en su toma de decisiones. Por estos motivos, cada vez hay más iniciativas de colegios que prohíben los teléfonos móviles en sus aulas[21] y familias que se alían para pactar no darles un terminal a sus hijos hasta los 16 años. A los «antiprohibicionistas» que se están erigiendo en contra de dichas medidas, porque no encuentran suficientes argumentos científicos, simplemente les recordaré que el propio Steve Jobs limitaba el uso que sus hijos hacían de los dispositivos que su propia compañía creaba[22]. No sé, yo de Steve me fío. Lo que sí es cierto es que la simple prohibición no erradicará los problemas que la juventud tiene con las nuevas tecnologías[23]. No

---

19 https://developers.google.com/womentechmakers/initiatives/iwd?hl=es-419

20 https://www.telecinco.es/noticias/sociedad/20230705/debate-prohibicion-veto-movil-escuela-recorre-europa-paises-bajos-francia-que-pasa-espana_18_09964165.html

21 El 25 de enero de 2023 el Consejo Escolar de Estado aprobó prohibir los móviles en infantil y primaria y limitar su uso en secundaria. https://www.rtve.es/noticias/20240125/consejo-escolar-estado-prohibir-movil-educacion-infantil-primaria-limitarlo-secundaria/15934066.shtml

22 https://www.nytimes.com/2014/09/11/fashion/steve-jobs-apple-was-a-low-tech-parent.html

23 https://www.elperiodicodearagon.com/aragon/2023/12/15/expertos-abogan-regular-prohibir-movil-93833437.html

se trata de limitarnos a eliminar del entorno del colegio los móviles si esto no viene acompañado de una educación sobre cómo incorporar la tecnología en nuestras vidas de una manera responsable, ética y saludable.

En el sitio Centro para la Tecnología Humana[24], iniciativa creada por Tristan Harris, exeticista[25] de Google, tienes diferentes recursos y ejercicios prácticos para conversar en casa sobre el uso que hacéis de las redes sociales, cómo os hacen sentir y qué sacrificáis a cambio de su uso (privacidad, tiempo de otras actividades, seguridad en uno mismo…). También hay materiales didácticos que muestran cómo funcionan las tecnologías adictivas y pueden ayudaros en la labor de concienciación en familia.

Alfabetizar digitalmente a las futuras generaciones requiere equiparlas en el mejor uso y aprovechamiento de las mismas desde un punto de vista técnico, pero también debatir cómo impactan en el resto de los aspectos de nuestra vida. Todas las personas entendemos que no se roba y no se agrede a los demás o podemos sufrir las consecuencias. Sin embargo, la distancia que ofrecen las actuaciones a través de las redes sociales crea una falsa sensación de impunidad, que sorprende a familias y menores en los casos en los que se han visto denunciados por delitos penales[26]. No sé si recordarás el caso de las niñas de Almendralejo (algunas de ellas tenían sólo 11 años)[27], que aparecieron

---

[24] https://www.humanetech.com/families-educators

[25] Un eticista es un especialista en ética que, en las empresas tecnológicas, vela por el desarrollo de sus productos añadiendo una perspectiva social y moral.

[26] https://www.aepd.es/documento/responsabilidad-menores-padres-madres.pdf

[27] https://www.elconfidencial.com/juridico/2023-09-21/caso-almendralejo-opciones-padres-ninas-autores-menores_3738823/

desnudas en diversas redes. Algunos de sus compañeros de clase habían utilizado la aplicación ClothOff, la cual aplica inteligencia artificial a la foto de cuerpo entero de cualquier persona y la transforma en su versión desnuda. Es cierto que el cuerpo desnudo que aparece no es el real, pero el resultado es tan convincente que ocasiona daños morales a quien los sufre; alguno incluso lo utilizó para intentar extorsionar a sus compañeras. Como muchos de los chicos que utilizaron esta aplicación «sólo por diversión» tienen entre 12 y 13 años son inimputables legalmente, aunque el acto cometido sí se considere un delito contra la integridad moral, por mucho que los cuerpos no sean reales.

Este caso sirvió también para poner el foco en los problemas de acoso sexual vía redes sociales. Según diversos estudios[28] de la organización Thorn, especializada en combatir el abuso sexual en la infancia, el 25 % de los menores encuestados han tenido encuentros sexuales con adultos a través de redes sociales. Lo más preocupante es que el 40 % de los encuestados entre 13 y 17 años reconocieron que intercambiar fotos íntimas era una práctica habitual. Dado que la tecnología tiene impacto en diversas esferas de nuestra vida, incluir su ángulo en las clases de educación sexual parece una buena idea.

¡Ponte a dieta!

Lo sé, esto puede sonar difícil. Te propongo que empieces dejando lo de picar entre horas. ¿Qué te parece si dejas las *cookies*? Navegamos por cientos, miles de sitios web y cada vez que abrimos uno nuevo en nuestro navegador sale ese

---

[28] https://www.thorn.org/resources-and-research/

molesto mensaje de «Aceptar todas las *cookies*»[29]. ¿Deberías preocuparte o puedes seguir aceptándolas todas a la velocidad del rayo?

En primer lugar, conviene entender de qué estamos hablando. Las *cookies* son pequeños archivos de texto que los diferentes sitios web almacenan en nuestro navegador. La finalidad es facilitar el rendimiento de la página que estás visitando y ofrecerte una mejor experiencia. Por ejemplo, almacenando cierto contenido en tu navegador para que la próxima vez que lo visites la página cargue más deprisa (*cookies* técnicas) o memorizando tus preferencias de idioma, región y sesión para no tener que preguntarte cada vez y mantener tu sesión abierta (*cookies* de personalización). También pueden utilizarse para medir tu comportamiento en el sitio web y saber qué áreas visitas, si la web es usable o no, etc. (*cookies* de análisis). Por supuesto, también sirven para gestionar los espacios publicitarios dentro de la página y mostrarte aquellos anuncios que creen que serán más relevantes para ti, llegando en ocasiones a crear un perfil específico de ti (*cookies* publicitarias y de publicidad comportamental).

¿Qué debería preocuparte de todo lo anterior? Lo mismo de siempre cuando navegamos por Internet y utilizamos aplicaciones conectadas a la nube: seguridad y privacidad. Si el sitio al que permitimos recopilar cierta información nuestra no es seguro (es decir, que no tiene el candado en la barra de direcciones), el principal riesgo es que ese sitio sea

---

[29] Desde julio de 2023 la Agencia Española de Protección de Datos permite que el rechazo de las *cookies* no tenga que ser gratuito por lo que, como veíamos en el capítulo 4, numerosas webs españolas ofrecen como única alternativa a su aceptación pagar por una subscripción. Aun así, en el resto de sitios web de otros países todavía se pueden configurar.

comprometido y alguien malintencionado se haga con información tuya sensible. Imagina que un sitio web almacena información personal tuya como DNI, dirección y nombre y es hackeado por un tercero, dicho tercero puede utilizar todo eso para intentar suplantar tu identidad en Internet. Así que no sólo se trata de aceptar o rechazar *cookies* en piloto automático, sino que también hemos de pensar qué información personal vamos a proporcionarle al sitio, y si este es seguro o no.

En ocasiones, el sitio que visitas se sostiene con ingresos publicitarios y utiliza las *cookies* para ello. Incluso puede llegar a vender tus datos a terceros o incluir *tracking cookies*, que son aquellas que los anunciantes del sitio que visitas te están instalando sin que tú seas muy consciente.

El Reglamento Europeo General de Protección de Datos (RGPD) obliga a que todos los sitios web indiquen qué tipo de *cookies* recogen y te pidan permiso para ello. Así que sí, ese reglamento es el responsable de que andemos apartando mensajes emergentes en todo aquello que visitamos. Cuando esto sucede, tienes varias opciones. La mayoría de los sitios web te ofrecerán la alternativa de «Aceptar todo», «Configurar opciones» o «Cancelar». Por supuesto, si cancelas, no puedes visitar el sitio. Si pulsas en «Configurar opciones» puedes desactivar la mayoría de las opciones que pueden servir para rastrearte, pero claro, es un poco fastidio hacer esto en todos los sitios que visitas (yo, por ejemplo, lo hago). Otros sitios web te ofrecen directamente la opción de «Aceptar todo», «Rechazar todo» (lo cual se refiere a todo menos las *cookies* técnicas esenciales para poder darte servicio) o «Cancelar». Estos sitios son mis favoritos. Y aún hay un tercer tipo de sitio web que se limita a informarte de las *cookies* que instala, para que tú elijas entre aceptar todo o no visitar el sitio web. Cuando encuentro páginas así, suelo cerrar la pestaña del navegador. Y no porque me parezca increíblemente inseguro, sino porque no me apetece relacionarme con el tipo de personas que hay detrás. Es como si vas a entrar a una tienda y te están mirando mal a través del escaparate. Lo más probable es que no te pase nada si entras, pero, aun así, no te apetece hacerlo, ¿no?

En Internet existen multitud de soluciones que te permiten bloquear las *cookies*, algunas incluso pueden configurarse desde las opciones que ofrece tu navegador. El problema es que, si adoptas la configuración más restrictiva, es posible que no puedas visitar ciertas páginas.

Como última recomendación, te sugiero borrarlas de vez en cuando. No te digo que sea cada día, ni cada semana, pero igual cada tres meses o así estaría bien. El cómo hacerlo depende de tu navegador, aunque suelen estar en la sección de preferencias o en ajustes, en la sección de privacidad. Si no sabes cómo, te será muy fácil encontrarlo en Internet. De esta forma no tienes dudas sobre qué cosas has podido aceptar en un momento distraído y reduces riesgos.

En los casos de Facebook y Google, tienen su propia versión de las *cookies*: son los *trackers* Google Analytics y Meta Pixel. Las páginas que los incluyen envían información de las personas que acceden a ella, independientemente de que estas tengan o no una cuenta con ellos. Como no son *cookies* exactamente, se libran de pedir tu permiso. Lo que puedes hacer aquí es consultar —por ejemplo, en Blacklight[30]—, qué sitios web implementan estos mecanismos y tomar tus propias decisiones al respecto.

---

[30] https://themarkup.org/blacklight

¡Ponte a dieta! (Ahora de verdad)

Si has llegado hasta aquí, con más conciencia digital, has comenzado a interesarte por las políticas de privacidad que vas aceptando. Puede que hasta hayas incorporado ese aspecto como decisor de compra en tus futuras adquisiciones tecnológicas. Si este es tu caso, tengo dos noticias para ti. La buena, es que ya haces mucho más por controlar tus datos que la inmensa mayoría de la población. La mala, que se han acabado las acciones «fáciles» o automáticas que podíamos hacer. Volviendo al símil de cómo tener una vida más saludable, ahora estaríamos en el punto en el que somos conscientes de cuánto y cuándo fumamos y comemos. Hemos empezado a beber nuestros tres litros de agua diarios, caminar un poquito más y hasta hemos dejado de comprar ese tentempié que tanto nos tentaba entre horas. Todo eso está muy bien, pero tal vez no sea suficiente. Por supuesto, todo depende del punto del que partías y de lo que quieras conseguir. No es lo mismo querer adelgazar cinco kilos que cincuenta, como tampoco es lo mismo que dediques treinta minutos al día a las redes sociales que tres horas. La diferencia es que un médico puede decirte categóricamente cuánto peso debes perder, pero yo no te voy a decir dónde está ese límite. No considero que tenga ninguna superioridad en este tema como para decirte qué hacer y qué no, más bien soy una persona que comparte contigo el proceso que sigo, en mi búsqueda por tener un mayor control de mis datos. Por eso, lo importante es cuáles fueron tus pensamientos y reacciones al hacer el ejercicio del tiempo que dedicas a cada aplicación. Si necesitas referencias, puedes probar a compartir tus resultados con tu entorno más cercano y comparar tiempos de uso de aplicaciones. Y si después de todo esto crees que haces un uso excesivo de alguna aplicación, puedes configurar que su tiempo de uso diario esté limitado o incluso borrarla.

¿Borrarla? Lo sé, ya te había dicho que se habían terminado las acciones fáciles. Puedes empezar haciendo un repaso de todas las aplicaciones que tienes instaladas en tu dispositivo y que raramente usas, seguro que hay alguna que puedes borrar y así ves que no pasa nada. Liberas espacio de almacenamiento (ese que va siempre justo) y dejas de preocuparte por una política de privacidad más.

Conozco a más de una persona que sólo con el ejercicio de ver el tiempo que dedicaban a determinadas redes sociales decidieron borrar sus cuentas para siempre. Si no te atreves a dar un paso tan grande, hazlo en dos fases. En mi caso nunca fui una usuaria muy activa de Facebook, por eso no me costó ningún esfuerzo borrar mi cuenta hace años. Aun así, primero borré la aplicación de mi teléfono para comprobar que no la echaba de menos. Pasados unos meses, un buen día me decidí a borrar mi cuenta de forma permanente. Fue como lo que hacemos con esas cosas que no queremos en nuestra casa pero que nos da pena tirar, «por si algún día las necesitamos», y las bajamos al trastero. Un buen día, al abrir la puerta, te tropiezas con la caja, te das cuenta de que hace cinco años que está ahí y que «el día en que la necesites» todavía no ha llegado. Así que la llevas a la basura con una sensación de paz total. Con Instagram fue diferente, porque esa red la tenía totalmente aislada de mi trabajo y sólo la utilizaba para cultivar mis *hobbies*. El problema era que, las veces que entraba, me costaba una barbaridad desconectarme y me empecé a sentir un poco rata de laboratorio. Imaginaba toda la maquinaria de diseño de tecnologías adictivas en funcionamiento conmigo y no me gustaba la sensación que eso me dejaba, así que borré la cuenta directamente. Eso sí, en los dos casos fue realmente difícil encontrar dónde se ubicaba la opción de borrado permanente, cosa que reforzó mis ganas de hacerlo.

Si te parece una tarea difícil, ¡no te desanimes ni te obsesiones! Recuerda que todo lo que hayas hecho hasta aquí ya es más de lo que hacías antes de empezar a leer este libro. Nadie te obliga a reducir el uso de aplicaciones, pero si tú quieres hacerlo y lo que no sabes es cómo empezar, puedes buscar ayuda en la sección «Toma el control» del Centro para la Tecnología Humana[31]. En este apartado hay más consejos sobre cómo definir y mantener límites entre la tecnología y tú y un listado de aplicaciones que te ayudarán con tus objetivos, ya sea bloqueando ciertas aplicaciones a determinados horarios o contenidos nuevos cuando te quieres concentrar en una tarea específica.

A lo mejor, en tu caso, lo que más te preocupa no es el tiempo que dedicas a una aplicación o red social en concreto, sino tener una excesiva dependencia de los gigantes tecnológicos. Diego Hidalgo, autor del libro *Anestesiados*, ha creado una lista con alternativas a las GAFAM (Google, Apple, Facebook, Amazon y Microsoft) respetuosas con la privacidad y basadas en código abierto[32].

Detox temporal... o permanente

Después de todo lo que has leído, puede que te preguntes si es posible desaparecer de Internet del todo. Después de años conectados, recuperar nuestros datos personales de vuelta es como buscar miles de agujas en miles de pajares. Es un proceso largo, tedioso y complicado, pero sí, es posible borrar una gran parte de nuestro rastro en la red.

---

[31] https://www.humanetech.com/take-control

[32] https://www.diegohidalgo.net/alternativas

1. Comienza por borrar todas tus cuentas en redes sociales. Ojo, he dicho borrar la cuenta, no vale con desinstalar la aplicación. Para ello, tendrás que acudir a las secciones de Privacidad y Seguridad y buscar la opción de «borrar la cuenta». Encontrar esta opción no suele ser fácil y es posible que te confundan con la de «desactivar cuenta temporalmente». Si eliges esto segundo tus datos se quedarán almacenados en la aplicación, así que busca la opción que te asegure que todo tu historial es eliminado. Si alguna de las cuentas que tienes se te resiste, busca en Internet algo como «borrar permanentemente mi cuenta de XXX» y seguro que encuentras una explicación de alguien que pasó por lo mismo antes que tú. Aunque las redes sociales son los espacios donde más datos personales hemos dejado, no te olvides de todos los sitios donde te has registrado para comprar algo, recibir noticias o disfrutar de servicios de *streaming*.

El reto será que recuerdes todos los sitios en los que alguna vez te has registrado. Aquellos que pertenecen a aplicaciones instaladas en tu móvil los tendrás controlados, el problema viene con aquellas cuentas que tengas olvidadas por ahí. Puedes probar a buscar los sitios en los que te has registrado usando los datos de acceso de algún perfil social como Google[33], Microsoft, Facebook, Twitter/X, etc. Si utilizas habitualmente un gestor de contraseñas en tu móvil u ordenador, puedes acceder a él y visualizar el listado de sitios en los que tienes cuenta. Es posible que sea una gran parte de todas las cuentas que posees, pero recuerda que sólo aparecerán aquellas de las que hayas decidido guardar la contraseña, no es un inventario de todas las cuentas en las que te has registrado.

---

[33] https://support.google.com/accounts/thread/125581939/how-to-find-what-sites-i-have-logged-into-using-my-google-account?hl=en

Otra forma de recordar todos los sitios en los que tienes contraseña es consultar la web Have I Been Pwned?[34]. Tras introducir tu dirección de correo, el sitio analizará si ha aparecido en alguna filtración de datos de alguna web. Este ejercicio en sí ya es interesante porque te alertará de todas las contraseñas que deberías cambiar. Lo más probable es que, si hay un hackeo de uno de los sitios que utilizas habitualmente, te enteres fácilmente y cambies la contraseña. Sin embargo, son todas esas cuentas «huérfanas» que ya ni recuerdas que tienes, las que con más probabilidad hayan podido ser comprometidas sin que te des cuenta.

2. Solicita a los *data brokers* que borren la información que tienen de ti. Esto puede ser mucho más complejo que el punto anterior, ya que en ese caso eras consciente de dónde has dejado tus datos. En este caso se trata de saber a quién le han podido vender tu información. Según la empresa de seguridad informática McAfee, se estima que existen 4.000 *data brokers*[35] por lo que escribirles a todos y cada uno de ellos solicitando el borrado de tus datos puede ser una tarea ardua. Existen servicios *online* como DeleteMe, Incogni, MyDataRemoval o Kanary a los que, a cambio de un precio asequible, les puedes encargar que hagan todo este trabajo (y el del punto anterior) por ti. Te recomiendo que visites sus webs, porque en la mayoría de los casos ofrecen ideas sobre cómo hacer el trabajo de manera personal y gratuita.

Aunque estos servicios son un excelente punto de partida, debes ser consciente de que ninguno cubre el 100 %

---

[34] https://haveibeenpwned.com/

[35] https://www.mcafee.com/blogs/tips-tricks/how-to-remove-personal-information-from-data-broker-sites/

de los *data brokers* que existen, en parte, porque algunos de ellos sólo acceden al borrado de datos si la propia persona lo solicita.

Otra cosa que debes tener en cuenta es que el borrado de tus datos de un *data broker* es una tarea que debe mantenerse, ya que una cosa es borrar tus datos una vez y otra que no los vuelvan a conseguir. Algunos *data brokers* más «éticos» no recopilan de nuevo información de personas que ya solicitaron una vez ser borradas, otros no.

3. Si lo que quieres borrar es contenido relacionado contigo, como un *post* desafortunado que escribiste hace años en un foro o una foto comprometida, tendrás que solicitarlo a la propiedad del sitio a través de la sección de contacto. Según el tipo de contenido y la legislación aplicable, es posible que el sitio al que contactes no tenga la obligación de hacerte caso. En el caso de información realmente sensible —por ejemplo, que alguien malintencionado publique tu información bancaria—, siempre puedes poner una denuncia ante la policía. Pero si hablamos de contenido que tú simplemente no quieres que esté ahí y el sitio web no te ha ayudado, siempre puedes acudir a Google[36]. En el caso en el que tu información esté en uno de sus productos, como un vídeo de YouTube, por ejemplo, investigarán el caso y lo retirarán. Lo bueno es que también puedes pedir que el buscador de Google no muestre entre sus resultados la web cuyo contenido quieres borrar. El resto de buscadores ofrecen las mismas opciones. Lo sé, no es borrar el contenido, pero al menos no podrá encontrarse fácilmente.

---

[36] https://support.google.com/legal/troubleshooter/1114905?hl=es

Elige

Al principio de este libro te dije que quería que te sirviera a ti y sólo a ti. Si después de llegar hasta aquí te has convertido en ludita, tuyo es el punto de vista y tuya la decisión. Pero si eres de las personas que quieren beneficiarse de la tecnología sin sentir que se someten a ella, espero que te encuentres más esperanzada. Como ves, hay formas de retomar el control que dependen de ti y sólo de ti. Por mucho que los reguladores estén avanzando y haciendo su parte, es bueno y reconfortante que haya cosas que dependan de nosotros mismos. Nadie nos obliga a utilizar los servicios digitales que capturan nuestros datos para venderlos al mejor postor, ni tampoco a desconectarnos y vivir al margen de la sociedad digital. Esto va de saber hasta dónde queremos llegar y para ello es fundamental poder valorar riesgos y beneficios.

Pero, sobre todo, espero que hayas visto la otra cara de la moneda, la datocracia. Esa en la que los datos no son algo de lo que *protegernos*, sino algo que nos *empodera*. Esa en la que los datos no son un negocio para unos pocos sino una herramienta para mejorar la transparencia. Esa en la que los datos no son un mecanismo de control a la ciudadanía sino a sus gobernantes.

Ante la revolución digital podemos adoptar una actitud defensiva en la que limitemos activamente nuestro rastro digital, seamos conscientes de nuestros propios sesgos y afinemos el sentido crítico para evitar que nos manipulen. También podemos pasar a la ofensiva, denunciar malas prácticas y renunciar a los servicios digitales que no nos ofrezcan un intercambio justo. Pero, por supuesto, también podemos ser proactivos, educando a las futuras generaciones en cómo construir una sociedad mejor con las herramientas que ahora tenemos disponibles.

Estas actitudes no son excluyentes entre sí. Puede que seas abogada, como mi amiga Raquel, y de pronto te plantees que desde tu profesión puedes aportar mucho al futuro de la tecnología desde la regulación. A lo mejor trabajas en el sector público y puedes contribuir a potenciar una mayor transparencia y comunicación de los datos a la ciudadanía. O igual estás en una empresa tecnológica y quieres ejercer tu responsabilidad, siendo esa voz interna que recuerde el impacto que vuestras acciones tendrán en los usuarios de vuestros productos. O tal vez el tuyo no sea ninguno de los casos anteriores y simplemente quieras tomar decisiones más libres e informadas. Quizá te encuentras en varios de esos supuestos. Yo misma, según el rol que me toca, me pongo en modo defensivo (en mi vida personal), ofensivo (cuando colaboro con organizaciones que defienden los derechos digitales) o proactivo (en mi vida profesional). Lo que puedo decirte es que, de todos esos roles, el más importante para mí es el de garantizar que mis hijas crezcan entendiendo que la tecnología es mucho más que colgar bailes chorras en Internet o ver gatitos monísimos. Que no es un callejón oscuro del que hay que alejarse para evitar que te sucedan toda clase de calamidades, pero tampoco uno exento de riesgos.

LA TECNOLOGÍA ES UNA HERRAMIENTA PODEROSA que debemos comprender, dominar y poner a nuestro servicio. De nosotros depende que estemos escribiendo la sentencia de muerte de nuestra especie o entrando en un nuevo renacimiento que nos traiga una prosperidad sin precedentes. El resultado no depende de ti aisladamente, sino de cuántas personas decidan pasar a la acción en vez de quejarse mientras permanecen de brazos cruzados, aceptando lo que consideran una inevitable fatalidad. Tú decides hasta dónde quieres llegar para tomar el control de tus datos.

TÚ ELIGES.